Hermann Friedrich Wilhelm Pfäfflin

Das Deutschthum Rochester's

Hermann Friedrich Wilhelm Pfäfflin

Das Deutschthum Rochester's

ISBN/EAN: 9783743309319

Hergestellt in Europa, USA, Kanada, Australien, Japan

Cover: Foto ©ninafisch / pixelio.de

Manufactured and distributed by brebook publishing software (www.brebook.com)

Hermann Friedrich Wilhelm Pfäfflin

Das Deutschthum Rochester's

Deutschthum Rochester's.

I. Die erste deutsche Einwanderung im Geneseeland.

Deutsche Pioniere in Rochesterville.
1792—1830.

Wenn es gilt, ein vollständiges Bild von der allmählichen Entwicklung unserer Blumenstadt zu entwerfen und ihre im Laufe von noch nicht drei Vierteljahrhunderten erzielten Errungenschaften festzustellen, darf das deutsche Element unserer Bevölkerung sicher nicht unerwähnt bleiben. Denn wie der eingewanderte Deutsche überall in den Ver. Staaten an dem gewaltigen Ringen und Schaffen eines sich im Zeitraume weniger Jahrhunderte zur höchsten Kulturstufe emporkämpfenden Volkes den lebendigsten Antheil nimmt, so hat er auch thatkräftig mitgewirkt an dem Aufbau der kunst= und gewerbefleißigen Metropole des Geneseelandes. Fast unter die ersten Klänge europäischer Civilisation, die sich an den Ufern des Genesee hörbar machten, mischten sich auch schon die Laute der deutschen Sprache, und in dem der Wildniß abgerungenen Boden, den heute Rochester einnimmt, ruht so mancher Abkömmling teutonischen Stammes, welcher der Urbarmachung, der Entwicklung und dem Schutz seiner neuen Heimath Kraft und Leben gewidmet.

Wenn es sich daher an einem Ehrentage dieser Stadt darum handelt, einen Rückblick auf die von ihr bereits durchlaufene

Bahn zu werfen und den Antheil festzustellen, den die verschiedenen Elemente ihrer Bevölkerung an ihrer Entwicklung und ihrem Fortschritte genommen, so ist nicht mehr wie recht und billig, daß auch dem Eingewanderten deutscher Abkunft vorgeführt wird, was er selbst, was seine vor ihm hier angesiedelten Stammesgenossen zum Fortschritt und Gedeihen ihrer neuen Heimath beigetragen, und was ihnen dieselbe geboten, damit sich an der lebendigen Erkenntniß der Wechselbeziehungen, die ihn mit dem neuen Boden verknüpfen, sein Patriotismus sowohl, wie sein Selbstgefühl entflamme, und Freiheits- und Gemeinsinn in ihm erstarken.

Wenn nun der Verfasser dieser Skizze eine Zusammenstellung der ihm erreichbaren Daten über die deutsche Einwanderung in Rochester unternimmt, so ist er sich recht wohl bewußt, daß dieselbe auf Vollständigkeit durchaus keinen Anspruch machen kann, und sieht sich daher veranlaßt, bezüglich dieser Mängel zum Voraus an die Nachsicht des Lesers zu appelliren. Bei dem vollständigen Mangel beinahe aller schriftlichen Anhaltspunkte war es nothwendig, die einzelnen Daten großentheils nach den Reminiscenzen von Abkömmlingen einer bereits verstorbenen Generation deutscher Ansiedler und aus den mündlichen Ueberlieferungen noch lebender Pioniere aus der ersten Periode Rochesters mühsam zusammenzutragen, zu sichten und zu vergleichen, um so von der ersten Einwanderungs-Periode ein auch nur leidlich anschauliches Bild entwerfen zu können. Für die Mühe und Arbeit aber, welche die Sammlung selbst dieses so spärlichen Materials verursachte, wird sich der Verfasser reichlich entschädigt finden, wenn die Erkenntniß der seiner Skizze anhaftenden Mängel fähigeren Kräften Veranlassung zur Fortsetzung der von ihm begonnenen Forschungen gibt und so zur schließlichen Vollendung des Bildes führt, das er in allgemeinen Umrissen von der deutschen Bevölkerung Rochesters zu entwerfen versuchte.

Die ersten Anfänge deutscher Einwanderung in das Geneseeland sind bereits in das Jahr 1792 zu setzen, wo nach Friedrich Kapp (Geschichte der Deutschen vom Staate New York) zwei deutsche Auswandererschiffe im Hafen von New York einliefen, deren Passagiere von der Genesee-Landkompagnie angeworben waren und direkt nach dem Westen des Staates New York abgeschickt wurden. Die männlichen Einwanderer waren für die empfangenen Vorschüsse der Genesee Landkompagnie zu sechsjähriger Dienstzeit verpflichtet, nach deren Verlauf sie, falls sie von ihrem, nach Abzug aller sonstigen Kosten, 34½ spanische Thaler betragenden Jahreslohn jährlich 1 Thaler bei der Compagnie stehen ließen, 25 Acker Land, eine Kuh nebst Kalb, ein Schwein und einiges Geflügel als freies Eigenthum zugewiesen erhielten. Wo die Ansiedler ihre Wohnsitze erhielten und was später aus ihnen geworden, läßt sich leider bis jetzt nicht mit Bestimmtheit ermitteln. Da jedoch bereits zu Anfang dieses Jahrhunderts eine deutsche Colonie in Rush erwähnt wird, so liegt die Vermuthung ziemlich nahe, daß viele derselben nach Ablauf ihrer Dienstzeit daselbst ihre Niederlassungen gründeten. Jedenfalls knüpften diese Anfänge der deutschen Einwanderung im Stromgebiete des Genesee die ersten Fäden zwischen den neukolonisirten Territorien und der alten deutschen Heimath, die später auch die deutsche Einwanderung nach der neuentstandenen Ortschaft Rochesterville lenkten.

Die Kriege, welche während der zwischen 1792 und 1815 liegenden Periode den europäischen Continent zerfleischten, und das blutige Widerspiel, das sie, wie gewöhnlich, in den nordamerikanischen Grenzländern fanden, führten zu einer längeren Unterbrechung der europäischen Emigration und schreckten ohne Zweifel die wenigen, während dieser Zeit in New York Eingewanderten von den Ansiedelungen im Westen des Staates zurück, und so wurde auch die in diesem Zeitraum gegründete Colonie Rochesterville bis zur Herstellung eines dauernden Friedens von der deutschen Einwanderung fast vollständig gemieden.

Trotzdem fehlte indessen selbst unter den ersten Pionieren Rochestervilles das deutsche Element nicht ganz; denn bereits im Jahre 1814 finden wir eine Bäckerei daselbst etablirt, deren Gründer und Eigenthümer kein Anderer war, als der Württemberger, Jacob Hau, dessen biographische Skizze wir später folgen lassen.

Die deutsche Einwanderung des neunzehnten Jahrhunderts zeichnete sich von der des vorhergehenden vor allen Dingen durch ihren mehr spontanen Charakter aus. An die Stelle des Massenimports billiger Arbeitskräfte, welche vordem in den neuen Ansiedelungen unter oft sehr drückenden und ungerechten Bedingungen Handlangerdienste zu verrichten hatten, trat jetzt ein Element, das freiwillig und aus eigenem Entschlusse die alte Heimath aufgab, um sich, unbeengt von den im deutschen Vaterlande die freie Entwickelung niederhaltenden Schranken, ein eigenes Heim in der neuen Welt zu gründen. Der durch die Vervollkommnung der Schifffahrt gesteigerte Wechselverkehr zwischen den deutschen Ansiedlern in den Ver. Staaten und den im alten Vaterlande zurückgebliebenen Freunden und Verwandten, der Fortschritt der Literatur und des Zeitungswesens und die sich immer mehr verbreitende Kunde von dem Wohlstande, dessen sich die nach der neuen Welt Ausgewanderten erfreuten, erweckten in allen mit den Verhältnissen ihres alten Heimathlandes Unzufriedenen einen immer weiter um sich greifenden Hang nach dem neuen Wunderlande. Der von Frohnen und Steuern bedrückte Bauer, der unter dem Zwange der Zunftgesetze seufzende Handwerker, der an der Aussicht auf Erlangung des Meisterrechtes und eigener Selbständigkeit verzweifelnde Handwerksbursche, — sie alle griffen zum Wanderstabe, um die Reise nach dem freien Amerika anzutreten, wo Jedem die Aussicht auf eigenen Besitz und selbständigen Erwerb winkte, und so betritt denn der Einwanderer des 19. Jahrhunderts als freier unabhängiger Mann oder Familienvater den freien Boden Amerika's, um hier als Handwerker, Tagelöhner oder Bauer auf eigenes Risico und nach eigener Wahl sich den Weg zum Glück und Wohlstand zu bahnen.

Freilich brachten diese Einwanderer außer der Kenntniß des Landbaues, ihrer Handwerke, oder auch blos ihrer Arbeitslust und Arbeitskraft wenig Kapital mit. Allein sie fanden meist schon gleich bei ihrer Landung lohnende Beschäftigung und gute Aussicht auf Selbständigkeit vor, während solche noch kaum im ersten Stadium ihrer Entstehung begriffene Plätze, wie Rochesterville nur für den rauhen Grenzbewohner und den spekulirenden Kapitalisten Anziehungskraft besaßen. Es mußte sich also erst die Industrie Rochesterville's einigermaßen entwickeln, ehe sich der Strom der deutschen Einwanderung auch hierher lenkte. Nachdem aber der Westen New York's so weit in seiner Entwickelung fortgeschritten war, daß die Herstellung einer den Osten und Westen des Staates verbindenden Handelsstraße, nämlich des Erie-Kanals, nothwendig wurde, strebte auch das deutsche Einwanderer-Element in größeren Massen der neuen Niederlassung zu. Bis zum Jahre 1830 indessen haben in Rochesterville kaum mehr als sechs deutsche Familien gewohnt, deren Namen uns noch erhalten sind, nämlich die Familien Hau, Klem, Aman, Holben, Eichhorn und Meier.

Der erste deutsche Bewohner Rochesterville's war Jacob Hau (Howe), aus Württemberg, der als kleiner Junge mit seinen Eltern nach Nova Scotia auswanderte. In seinem 15. Jahre siedelte er nach Boston, Mass., über, wo er das Bäckerhandwerk erlernte. Nachdem er sich dort verheirathet hatte, zog er im Jahre 1814 mit seiner Familie nach Rochesterville und etablirte sich dort selbständig in seiner Profession. Obschon er sich bei dem jugendlichen Alter, in dem er seine deutsche Heimath verlassen hatte, leicht in den Anschauungen und Verhältnissen seines neuen Vaterlandes zurecht fand, bewahrte er doch noch noch bis zu seinem hohen Alter die Anhänglichkeit an seine Landsleute und seine Muttersprache, und so mancher deutsche Einwanderer der ersten Periode Rochesterville's fand in ihm einen bereitwilligen Rathgeber und Dolmetscher. Er starb im Jahre 1845, seines ehrenhaften Charakters wegen in allgemeinster Achtung. Sein einziger Sohn, Jakob Howe, führte die von ihm gegründete Bäckerei fort, die sich noch heutzutage im Besitze der Familie befindet und unter den gewerblichen Instituten Rochester's eine hervorragende Stelle einnimmt.

Die zweite deutsche Pionierfamilie, wenn wir statt der politischen die Sprachgrenzen über die Nationalität entscheiden lassen, war die Familie Klem, welche im Jahre 1815 aus Klittersdorf bei Straßburg in Amerika einwanderte. Nachdem sie das erste Jahr ihres Aufenthaltes in der neuen Welt in Montreal verbracht hatte, siedelte sie im Frühjahr 1816 nach Rochesterville über, um dort dauernd ihren Wohnsitz zu nehmen. Das Dörfchen war damals noch im ersten Stadium seiner Entstehung begriffen, und die Ankunft der Familie, die noch kein Wort Englisch verstand, bildete daher für die ganze Bewohnerschaft ein Ereigniß, das in kurzer Zeit das ganze Dorf um die Ankömmlinge sammelte. Vater Klem kaufte an der Ecke von Goodmanstraße und East Avenue, in einem Distrikte, der damals natürlich noch zum „Lande" gerechnet wurde, ein Stück Land, das er mühsam ausrodete und in fruchtbares Feld umwandelte. Auf diesem Boden zog er die ersten Gartenprodukte, die in Rochester auf den Markt kamen, und so kann er eigentlich als der Vater der hiesigen Handelsgärtnerei angesehen werden, die sich nachmals in nächster Nähe von seinem Besitzthum zu so bedeutender Blüthe entfalten sollte. Sein ältester Sohn war der im Jahre 1879 verstorbene Bernhard Klem, der als siebenjähriger Knabe mit seinen Eltern im Geneseelande eingewandert war und später der Vater einer überaus zahlreichen Familie wurde, die zum Theile noch jetzt in Rochester wohnt.

Von den mit dem damaligen Ansiedlerleben verbundenen Beschwerlichkeiten und der kolossalen Ausdauer, die in der Ueberwindung derselben an den Tag gelegt wurde, kann uns die Thatsache einen Begriff geben, daß der junge Bernhard Klem im Alter von noch nicht 10 Jahren einer Kindstaufe wegen die Reise von Rochester nach Albany und zurück in Begleitung seiner Mutter zu Fuß zurücklegte.

Nicht lange darauf wanderte er ebenfalls zu Fuß ganz allein nach New York, um dort seinen Lebensunterhalt auf eigene Faust zu verdienen, ein bei dem Zustande der damaligen Verkehrswege keineswegs zu unterschätzendes Wagstück eines kaum zehnjährigen Knaben.

Bis zu seinem dreizehnten Jahre verblieb der unternehmende kleine Geschäftsmann in New York, wo er sich durch den Verkauf von allerlei Beeren und Früchten eine kleine Summe ersparte.

Nach Rochester zurückgekehrt, half er seinem Vater bei der Gärtnerarbeit und beim Ausroden des Waldes. Als er herangewachsen war, betrieb er während der Wintermonate daneben noch das Wurstmachergeschäft und „Klem's Wurst" genoß in Kurzem im ganzen Dorfe und der Umgegend eine gewisse Berühmtheit. Im Jahre 1831 verheirathete er sich mit Elisabeth Aman, und dieser Ehe sind 12 Kinder entsprossen, von welchen

10 am Leben blieben. Nachdem ihm im Jahre 1853 seine Frau durch den Tod entrissen war, ging er im folgenden Jahre eine zweite Ehe mit Elisabeth Meier ein, mit welcher er ebenfalls 2 Kinder erzielte, die jedoch beide starben. 1857 starb seine zweite Frau und einige Zeit darauf heirathete er Beatrix Föller, die ihn mit 9 Kindern beschenkte, von welchen 7 am Leben blieben. Er selbst starb am 21 Januar 1879, im Alter von 70 Jahren, mit Hinterlassung eines bedeutenden Vermögens, das unter seine 17 ihn überlebenden Kinder vertheilt wurde.

Er war ein eifriger Katholik und bedachte noch auf seinem Todtenbette verschiedene katholische Institute mit bedeutenden Legaten, darunter das St. Josephs=Waisenhaus und die katholische Jungmänner=Gesellschaft mit je $1,000.

In Bernhard Klem starb einer der wenigen Pioniere, die so zu sagen mit unserer jetzigen Heimathstadt aufgewachsen sind und durch die harte Arbeit, womit sie die einstige Wildniß in eine blühende Wohnstätte umwandelten, sicher eine ehrenvolle Erwähnung in der Geschichte der Stadt verdienen.

―――――

Der dritte deutsche Pionier, dessen Namen wir bereits oben in Verbindung mit Klem erwähnten, war der Landwirth Aman, der eine kleine Farm in der Hudsonstraße bebaute und dessen Nachkommen noch im Jahre 1882 auf einem größeren Grundbesitz in der Nähe des Newporthauses an der Irondequoit Bay lebten.

Der erste deutsche Schneider Rochesters scheint der früher erwähnte Eichhorn gewesen zu sein. Doch besaß er anfänglich kein eigenes Geschäft, sondern arbeitete für die ansässigen amerikanischen Meister. Auch er machte sich später in der Goodmanstraße seßhaft.

Die beiden andern deutschen Bewohner Rochesterville's aus der damaligen Zeit, Holben und Meier, ernährten sich in der ersten Zeit als Taglöhner. Holben scheint jedoch das Dorf in Kurzem wieder verlassen zu haben, während von der Meier'schen Familie noch im Jahre 1881 ein Sprosse an der Ecke von Clinton= und Atwaterstraße ansässig war.

Der Vater desselben war im Jahre 1830 aus Rheinbaiern mit 6 Kindern hier eingewandert und hatte sich in der Sophiastraße ein Haus gemiethet. Der ältere seiner Söhne, Sebastian Meier, wurde im Jahre 1837 bei dem Navy Island Putsch, an dem er sich betheiligt hatte, von den Engländern ergriffen und zum Tode verurtheilt, jedoch durch eine List seiner Freunde vor der Execution gerettet. J. Meier, der noch jetzt lebende Abkömmling dieser Einwandererfamilie, war bei seinem Einzug in Rochester erst 5 Jahre alt. Er erwarb sich später das an der Ecke von Clinton= und Atwaterstraße gelegene Grundeigen= thum, auf welchem er, vom Geschäfte zurückgezogen, in wohl= habenden Umständen lebte.

Die Auswandererverhältnisse der damaligen Zeit wurden uns äußerst lebhaft von einem anderen alten Einwohner aus jener Periode, der im Jahre 1831 nach Rochester übersiedelte, J. Jäger, geschildert. Derselbe war im Februar des obigen Jah= res aus Hauenstein in der Rheinpfalz, hier eingewandert und beschreibt seine Erlebnisse ungefähr folgendermaßen:

„Von Weißenburg bis Havre ging die Reise, die 18 Tage in Anspruch nahm, auf einem Planwagen vor sich. In Havre be= stiegen wir ein Segelschiff, auf dem wir uns nach der damaligen Sitte, selber zu beköstigen hatten, und landeten nach 34=tägiger, sturmloser Fahrt in New York. Die Reise von dort bis nach Rochester legten wir auf einem Kanalboot in 12 Tagen zurück. Wie die Ankunft irgend welcher Einwanderer von deutscher Ab= kunft, so bildete auch unser Einzug in Rochester ein Ereigniß für die amerikanische Einwohnerschaft, die in Massen zusammenlief, um sich eine reguläre "dutch family" zu betrachten und sich an der fremdländischen Tracht und der unverständlichen Sprache zu ergötzen. Große Schwierigkeiten bot es, uns bei unserer vollständigen Unkenntniß der englischen Sprache verständlich zu machen, doch war auch hier, wie in späteren Fällen, ein deutscher Landsmann, der den Dolmetscher machte, rasch bei der Hand. Großer Ceremonien bedurfte es damals bei der Vorstellung nicht. Der Deutsche reichte seinem Stammgenossen schlicht und einfach die Hand, und damit war die Freundschaft geschlossen. Und obgleich die wenigen deutschen Familien äußerst zerstreut wohnten, so fanden sie sich doch in ihren Muße= und Erholungs= stunden regelmäßig zusammen, um sich mit Musik und Gesang und allerlei Gesprächen die Zeit zu verkürzen. Da wurden weder Standes=, noch Vermögens=, noch Confessionsunterschiede gemacht, und der Stammvater so mancher Familie, die sich jetzt mit aller Gewalt ein aristokratisches Ansehen zu geben bemüht ist, amüsirte sich bei den oft rasch improvisirten Tanzbelustigun= gen so herzlich, wie es ihm vielleicht in den heutigen feinen Ball= lokalen mit ihrem Firlefanz nicht mehr möglich ist. Dabei ge= nossen die deutschen Familien Rochesters die Achtung ihrer ame= rikanischen Mitbürger, welche sie als treu, ehrlich und arbeitsam kennen und schätzen lernten."

Von Einwanderern, die kurze Zeit nach Jäger in Rochester anlangten, sind noch zu nennen: Der Stammvater des jetzt noch lebenden Mitgliedes der Firma Schantz, Minges & Shale, Schehle, der aus Erfweiler in der Rheinpfalz einwanderte und sich in der Millstraße niederließ, ferner J. Minges, der sich als nächster Nachbar von B. Klem in der Goodmanstraße ansiedelte und dem Beispiele desselben folgend eine Farm nebst Gärtnerei daselbst anlegte, und G. Schneider, der sich als Fuhrmann und Taglöhner sein Brod erwarb, nebst dem Tagelöhner und Arbeiter P. Schwarzweiler. Auch Jäger half bis zum Oktober des Jahres 1831 seinen Eltern im Tagelohn arbeiten, trat dann aber bei einem Schuhmacher in die Lehre, etablirte sich im Jahre 1835 selbstständig als solcher in der Millstraße und verheirathete sich 1837 mit einer Amerikanerin. Er war Mitglied der deutschen Grenadiere und gehörte später auch einer amerikanischen Milizkompagnie an. An der Free Soil Bewegung der späteren Jahre nahm er lebhaften Antheil und agitirte auf's eifrigste für Gründung eines Clubs dieser Partei in seiner eigenen Ward. Der erste Caucus der „Freesoiler" daselbst wurde von ihm ausgeschrieben, und wie er uns versicherte, hat er seitdem nie wieder einen Caucus gesehen, bei dem es so ruhig und einträchtig zuging. Es war nämlich außer Jäger nur noch ein Amerikaner erschienen, und beide organisirten sich genau nach den Regeln der parlamentarischen Ordnung. Der Amerikaner acceptirte die Wahl als Präsident, und Jäger wurde einstimmig zum Sekretär gewählt, worauf mit ebenso großer Einstimmigkeit 10 Delegaten für die Convention aufgestellt und ohne Widerspruch von Bedeutung erwählt wurden.

II. Deutsche Einwanderer
von 1830 bis 1850.

Vom Jahre 1830 an machte sich in der deutschen Einwanderung eine ganz bedeutende Zunahme geltend, die ihre Wirkungen auch auf Rochesterville ausdehnte, und als im Jahre 1834 die Stadt Rochester inkorporirt wurde, mochte die Zahl ihrer deutschen Bewohner nach den Schätzungen der aus jenem Zeitraume noch überlebenden Pioniere etwa 300 betragen, eine Zahl, die, wie wir allen Grund zu vermuthen haben, sich bis zum Jahre 1840 mehr als verdoppelte.

Bis 1837 lag die Groß-Industrie Rochesters noch in den Windeln, und Mehl, Brenn- und Bauholz und Getreide bildeten die hauptsächlichsten Erzeugnisse. Ein großer Theil der Bevölkerung, besonders der neu eingewanderten, fristete daher durch Tagelohnarbeit auf den Farmen oder durch Holzfällen für die zahlreichen Sägemühlen sein Dasein.

Die mit der Produktion der täglichen Lebensbedürfnisse beschäftigten Handwerker hatten begreiflicher Weise, da sie nur für den Lokalmarkt arbeiteten, nur einen geringen Absatz. Die lohnendste Beschäftigung fanden Küfer, Schiff- und Mühlbauer, und unter ihnen insbesondere war das deutsche Element von Anfang an ziemlich stark vertreten. Bis zum Jahr 1838 war die Zahl selbstständiger deutscher Geschäftsleute verschwindend klein. In dem uns vorliegenden Geschäftsanzeiger aus jenen Jahren ist außer den Bäckern Howe und Himmel, und dem Schuhmacher Schehle kaum ein deutscher Name erwähnt. Wenn nun auch freilich dieses Fehlen deutscher Namen in dem Verzeichnisse der damaligen Geschäftsleute theilweise in dem

Ntivismus der Censusaufnehmer seine Erklärung finden mag, so beweist es doch auf der anderen Seite, daß die von Deutschen betriebenen Geschäfte bis dahin noch keine besondere Bedeutung hatten. Außerdem aber mögen auch noch viele unserer Landsleute, um die Spuren ihrer deutschen Abstammung zu verwischen, ihre Namen in's Englische übersetzt haben. So finden wir z. B. den Namen des Bäckers A. Himmel in Hebbens verketzert. Ohne Zweifel wollte Himmel dem Censusbeamten die Aufnahme seines Namens erleichtern, weßhalb er denselben in's Englische (heaven) übersetzte, und so entstand bei der mangelhaften Sprachkenntniß Himmels durch Mißverständniß des Amerikaners der Name Hebbens.

Die Unkenntniß der Sprache bildete für den Deutschen, wie natürlich, ein großes Hinderniß in seinem Fortkommen und setzte ihn zugleich allerlei Betrügereien und Uebervortheilungen aus. Ein Tagelöhner verdiente Mitte der dreißiger Jahre 5–6 Schillinge den Tag, wobei er sich jedoch selbst zu verköstigen hatte; Handwerker erhielten von $1.00 bis $1.50, wovon jedoch nur die Hälfte baar ausbezahlt wurde; für den Rest wurden Anweisungen auf Waaren gegeben, wobei dem Arbeiter von seinem Lohne noch möglichst viel abgezwackt wurde. Es kam vor, daß sich Handwerksleute, welche in dringenden Fällen auf der vollen Ausbezahlung ihrer Löhne bestanden, Abzüge bis zu 9 Prozent gefallen lassen mußten. Die Inhaber der Läden, auf welche jene Anweisungen lauteten, benutzten meist jede Gelegenheit, um den Deutschen insbesondere, dessen Unkenntniß der englischen Sprache ihn ihnen gegenüber fast wehrlos machte, noch gehörig über das Ohr zu hauen. Ein Ansiedler aus den dreißiger Jahren fand so einst beim Jahresabschluß mit einem solchen Kaufmanne ein **ganzes Barrel** Syrup auf seinem Conto vor, das er und seine Familie konsumirt haben sollten!

Im Uebrigen waren die Lebensmittel äußerst billig. Ein Pfund Fleisch wurde zu 2–2½ Cents berechnet, ein Faß Mehl kostete 3–4 Dollars.

Das Land war billig und mitunter zu so günstigen Bedingungen zu bekommen, daß es in den Augen Vieler, die nicht an die Zukunft dachten, wenn es sich nicht durch besondere Ertragsfähigkeit auszeichnete, als ein gänzlich werthloser Artikel erschien.

Wurden ja doch dem später als Farmer in Pennfield gestorbenen Adam Weiß für einen Sommer Arbeit 3 Acker Land in der Nähe von dem heutigen Vicks-Park angeboten, und er nahm diese Offerte nicht an, weil ihm der Preis zu hoch dünkte!

Ein anderer Deutscher, der unter dem Namen „Nasenfranz" bekannte Franz Goldfum, sollte ein ansehnliches Stück Land in der Williamstraße für das Sägen und Spalten einer Quantität Holz annehmen, allein er schlug das Anerbieten aus, weil er nicht wußte, was er mit dem Grundstück anfangen sollte!

Dem noch jetzt in Pennfield lebenden Farmer Jacob Westermann stand unter äußerst günstigen Bedingungungen genügend Land in der heutigen East Avenue zur Verfügung, doch verschmähte er es, weil es ihm theils zu sumpfig, theils zu steinig war!

So sprach und urtheilte man Anfangs der dreißiger Jahre über eine Gegend, die heutzutage zu den reichsten und schönsten unserer Stadt gehört! Wie ganz anders hätten wohl jene ersten deutschen Pioniere gehandelt, wenn sie das rasche Aufblühen der jungen Niederlassung hätten voraussehen können!

Die deutschen Bewohner der damaligen Zeit lebten in allen Richtungen der Stadt zerstreut, oft ohne allen Verkehr mit anderen deutschen Landsleuten. Dies mag uns auch die rasche Amerikanisirung Vieler erklären. Von der öffentlichen Geltendmachung deutscher Gewohnheiten war keine Rede, und so machten diese, wo sie nicht zeitweilig durch den Verkehr mit anderen Stammesgenossen wieder aufgefrischt wurden, bald amerikanischen Sitten und Gebräuchen Platz.

Man versammelte sich wohl zuweilen in den Häusern deutscher Familien, um sich mit Musik und Gesang und dem Genusse eines schlechten Obergährbieres zu unterhalten, das von den Betreffenden selbst gebraut und gallonenweise an die Gäste verkauft wurde (wozu man damals keine Licenz bedurfte), aber solche Vereinigungen waren nur vorübergehend und vereinzelt, denn es fehlte an einem geistigen Bande, das sie zusammenhielt. Dieser Mangel machte sich schon bei Beginn der dreißiger Jahre empfindlich fühlbar und es wurden daher verschiedene Versuche gemacht, um ihm abzuhelfen. Die geschulteren deutschen Bewohner riefen gelegentlich ihre hiesigen Landsleute zu einer Betversammlung zusammen, wobei Derjenige, der sich dazu befähigt glaubte, die Stelle des Predigers vertrat; da und dort kam auch wohl ein auswärtiger Geistlicher, um in irgend einem kleinen Lokale, oder einer zu diesem Zwecke vorübergehend gemietheten Kirche einen kleinen Kreis von Zuhörern zu erbauen, und mit Freuden ergriff das kleine Häuflein, ohne Rücksicht auf Stand oder Confession, diese Gelegenheit, dem religiösen Bedürfniß Rechnung zu tragen. Und je mehr die deutsche Bevölkerung zunahm, um so fühlbarer machte sich eben dieses Bedürfniß, und so tauchte schon Anfangs der dreißiger Jahre ein Plan zur Gründung einer deutschen Kirche auf, der sich wenige Jahre darauf auch in der That verwirklichen sollte.

Die ersten Spuren einer außerkirchlichen gesellschaftlichen Organisation unter den Deutschen Rochesters lassen sich auf das Jahr 1832 zurückführen, wo sich eine deutsche Milizkompagnie unter dem Namen „Deutsche Grenadiere" bildete. Die Kompagnie trug eine grüne Uniform mit rothen Aufschlägen und Bärenmützen. Sie wurde unter Leitung ihres ersten Kapitäns, Dr. Klein, im alten Marktgebäude in der Frontstraße exerziert.

Als erster Lieutenant fungirte George Ellwanger, der jetzige Besitzer der großen Gärtnerei in Mount Hope Avenue, als zweiter George Fluck, der in der Süd St. Paulstraße ein Hotel hielt. In der Mitgliederliste der Kompagnie findet sich außerdem noch eine bedeutende Anzahl bekannter Namen aus der deutschen Pionierzeit, wie S. Meier, Sellinger, Wolf, Jäger, Jamau, Knopf, u. s. w.

Außer dieser Organisation schloß sich später der jüngere Theil der deutschen Bevölkerung mit Vorliebe der Feuerwehr an und besonders die Haken- und Leiternkompagnie und die zu Spritze Nr. 2 gehörige Mannschaft zählte mehrere deutsche Namen. Die letztere Feuerwehrkompagnie war erst unter dem Namen „Torrent" bekannt und zeichnete sich durch die Strammheit ihrer Mitglieder vor allen anderen aus. Der erste deutsche Feuerwehrmann, der mit den im Feuerdepartement üblichen Ehrenbezeugungen begraben wurde, war Valentin Klein, ein Mitglied jener Haken- und Leiternkompagnie, der im Jahre 1843 auf dem Mount Hope beerdigt wurde.

Einen unendlich wichtigen Faktor in der Entwicklung der deutsch-amerikanischen Bevölkerung bildeten, wo immer die Einwanderung in ihren Anfängen begriffen war, die deutschen Kirchen. Sie bildeten nämlich die Mittelpunkte, um welche sich die zerstreuten deutschen Elemente vereinigten, in ihnen fanden der deutsche National-Charakter und die deutsche Sprache inmitten der einheimischen Bevölkerung Schutz und Pflege.

Der deutsche Einwanderer mit seinem in der Erziehung des alten Vaterlandes wurzelnden, lebendigen religiösen Bedürfniß sah sich hier in eine ihm ganz fremde Umgebung versetzt, deren Anschauungen und Begriffe von den seinigen verschieden, sich im religiösen Kultus auf eine ihm fremde Weise äußerten, mit mit der er sich nur selten vollständig zu befreunden wußte, und die daher eine Art von Heimweh nach den altehrwürdigen, religiösen Gebräuchen der alten Heimath in ihm wach erhielten. Wo sich daher eine genügende Anzahl deutscher Bewohner zusammenfand, tauchte auch sogleich das Bestreben auf, diesem aus der alten Heimath herübergebrachten religiösen Bedürfnisse, das in den amerikanischen Kirchen keine dem deutschen Gemüthe entsprechende Befriedigung finden konnte, so viel es die Umstände erlaubten, abzuhelfen. Auf diese Weise entstanden überall, wo sich Deutsche zusammenfanden, auch deutsche Kirchen, in welchen sich so recht das ganze Geistes- und Gemüthsleben des eingewanderten Deutschthums konzentrirte. Der Einfluß der Kirchen erstreckte sich demgemäß auch weit über die speciell den Gottesdienst betreffenden Einrichtungen und Gebräuche hinaus, und je isolirter eine solche deutsche Kirchengemeinde inmitten der amerikanischen Bevölkerung dastand, je schroffer sich die Anschauungen und Begriffe des eingewanderten und des eingeborenen Elementes

gegenübertraten, um so fester schlossen sich die Kirchenmitglieder
zusammen, um auch im geschäftlichen, wie im politischen Leben
mit vereinten Kräften ihre Rechte zu wahren. Es wäre daher
ein in jeder Beziehung undankbares Bemühen den deutschen
Kirchen die Bedeutung abstreiten zu wollen, welche sie auch auf
die politische und sociale Entwicklung des Deutsch-Amerikanerthums ausübten.

Auch in Rochester wurden schon anfangs der dreißiger Jahre
Versuche gemacht, die hier ansässigen deutschen Familien zu einer
Gemeinde zu vereinigen. Schon im Jahre 1832 predigte gelegentlich ein Pastor Müller in den unteren Räumlichkeiten der
Presbyterianerkirche einigen deutschen Familien, die sich zeitweilig zum Gottesdienst daselbst versammelten. Von den Mitgliedern der damals im Entstehen begriffenen Gemeinde ist freilich wohl Niemand mehr am Leben, und keiner von den zahlreichen
alten Pionieren, die wir während der letzten Jahre aufsuchten,
weiß sich an die unter Pastor Müller veranstalteten Gebetsver-
sammlungen mehr zu erinnern. Von gütiger Hand ist uns indessen eine den Aufzeichnungen Pastor Mühlhäusers entnomme-
ne Namensliste der hauptsächlichsten Theilnehmer an denselben
zugesandt worden. Nach ihr bildeten die Familien Engel,
Schwarz und Schneeberger im Jahre 1832 unter Pastor Müller's Leitung den Grundstock zu einer Gemeinde, welche schon im
folgenden Jahre sich unter dem Namen „Vereinigte evangelische
Kirche" definitiv organisirte. Der erste Geistliche dieser Kirchengemeinde war Pastor Welden, der jedoch im Jahre 1834
durch Pastor Fetter ersetzt wurde. Vom Jahre 1834 an datirt
auch das erste Kirchenregister, auf dessen erster Seite sich folgende Namen finden: Adam Ruf, Johannes Leser, Christ. Malsch,
Johann Rohr, Christian Traugott, Georg Wing, Jakob Maurer, Fr. Miller, Just Martin, Heinrich Krämer, Johann Kirch-
hofer, Joh. Ebersold, Jakob Rohr, Sam. Rohr, H. Rohr, Isaac
Schatzmann, Fr. Westermann, Fr. Schader, Bernh. Schweizer,
Jonas Kocher, Georg Engel, Ulrich Seeberger, G. Niederstädt,
Adolph Schneeberger, G. Hummel, Bernh. Heit, Peter Salter,
G. Nagel, J. Gottl. Heinzelmann, Jakob Keller, G. Huber,

Fr. Schön, Phil. Kern, F. Seibel, Joh. J. Jost, Ch. Kröppel, F. Herrmann, W. Lange, G. Margrander, Joh. Kern, Joh. Lutz, Jack Kesselring, Fr. Bauer.

Die eigentliche Entwicklungsgeschichte dieser Gemeinde, aus welcher später die deutsch-lutherische Zionsgemeinde und die St. Johanniskirche hervorgingen, gehört nicht in den Bereich dieses Schriftchens, und wir begnügen uns daher an dieser Stelle mit der Angabe, daß Pastor Fetter selbst im Jahre 1837 nach „O'-Reilly's Skizzen von Rochester" die Zahl seiner Kommunikanten auf 80 taxirte. Rechnet man hierzu noch die im Jahre 1835 von dem Geistlichen J. Probst zu einer Gemeinde vereinigten deutschen Katholiken, die bis zur Gründung der St. Josephs-Kirche in einem Lokale in der Elystraße ihren Gottesdienst hielten, sowie die ebenfalls nicht unbeträchtliche Anzahl der Deutschen, welche bei der St. Patricks-Gemeinde verblieben und endlich noch Derer, welche sich gar keiner, oder amerikanischen Kirchen angeschlossen hatten, so wird man wohl nicht zu hoch greifen, wenn man die deutsche Bevölkerung Rochester's Ende der dreißiger Jahre auf mehr als 600 Köpfe taxirt.

Die socialen und gewerblichen Verhältnisse unter den deutschen Einwanderern des letztgeschilderten Zeitraumes werden am besten durch einige biographische Skizzen illustrirt, die der Verfasser aus den Reminiszenzen von Pionieren der dreißiger Jahre zusammentrug. Pioniere sind diese ersten deutschen Ansiedler im wahrsten Sinne des Wortes gewesen, da jeder von ihnen durch den Verkehr, den er mit dem alten Vaterlande unterhielt, aus seiner engern Heimath einen von Jahr zu Jahr mehr anschwellenden Strom der Einwanderung anzog, der bis zum heutigen Tage noch nicht versiegt ist. Elsässer, Pfälzer, Rheinländer, Badenser und Schwaben bildeten den Grundstock der deutschen Bevölkerung Rochesters, wie den der ganzen deutschen Einwanderung in den Ver. Staaten überhaupt, weil ihnen bei dem Zustande der Verkehrswege in den ersten 40 Jahren dieses Jahrhunderts und bei den mit der deutschen Kleinstaaterei verbundenen Zollplackereien der kurze Weg über Havre oder Holland die Auswanderung leichter machte, als irgend einem anderern deutschen

Volksstämme, was bei den beschränkten Mitteln der Auswandernden besonders schwer in die Wagschale fiel. Ein Landsmann suchte bei dem anderen Rath und Hilfe und so bildeten sich unter den deutschen Einwanderern von selbst gewisse Gruppirungen, die sich noch jetzt in verschiedenen Stadttheilen nachweisen lassen, obschon sie der Fortschritt der Industrie und der in den späteren Generationen vor sich gehende Verschmelzungsprozeß allmählig zu verwischen beginnt.

Zu den ersten deutschen Einwanderern aus dem Anfang der dreißiger Jahre gehörte Kaspar Knopf aus Bühl, im Großherzogthum Baden, der im Alter von 21 Jahren nach Amerika auswanderte und sich 1831 in Rochester niederließ. Er arbeitete erst in einer Küferei und gründete bereits 1837 das erste deutsche Küfergeschäft in Rochester, das er bis zum Jahre 1876 fortbetrieb. Im Jahre 1833 verheirathete er sich mit Elisabeth Yaman, der Schwester eines kurz nach ihm in Rochester angelangten Deutschen aus dem Elsaß. Im Jahre 1876 zog er sich in wohlhabenden Umständen vom Geschäfte zurück, um den Rest seiner Tage im ruhigen Genusse seines Vermögens zu beschließen.

Sein Schwager Joseph Yaman war im Jahre 1832 mit seinen Eltern und 6 Geschwistern in den Ver. Staaten eingewandert und ließ sich erst in Schenectady nieder, wo er in Gemeinschaft mit John Lutes, dem späteren deutschen Mayor Rochesters, eine „Sägemühle" betrieb.

Die Maschinerie des Etablissements war eine sehr einfache; sie bestand lediglich aus einigen Handsägen, die durch die emsigen Besitzer selbst fleißig gehandhabt wurden. Nach dem Prinzip der Arbeitstheilung besorgte der eine von ihnen das Stammholz, während der andere es klein sägte. Das Geschäft gerieth durch den Unternehmungsgeist der beiden Inhaber bald in ziemlichen Aufschwung, und die Einkünfte mehrten sich von Tag zu Tag, da das Sägen einer Cord Holz die erstaunliche Summe von $\frac{1}{2}$ Dollar einbrachte.

Nach sechsmonatlichem Geschäftsbetrieb jedoch setzte Joseph Yaman mit seinen Eltern seinen Wanderstab weiter und langte im Jahre 1833 in Rochester an. Es war das eine böse Zeit für die Einwanderer, denn die Cholera wüthete so schrecklich, daß sich kaum Leute finden konnten, um die Todten zu beerdigen.

Fast noch ehe der letzte Athemzug gethan war, wurden die an der Seuche Gestorbenen ohne weitere Ceremonien in rohe Särge gelegt und im Busche verscharrt.

Auch Joseph Yaman's Eltern fielen der entsetzlichen Pest zum Opfer. Beide starben kurz nach einander im August 1833.

Yaman warf sich jetzt auf die Küferei und war bis zum Jahre 1844 mit dem Verfertigen von Mehlfässern beschäftigt, die damals bei dem blühenden Zustande des Mehlhandels einen äußerst lohnenden Artikel bildeten. Natürlich wurden die Fässer alle ohne Maschinen mit der Hand angefertigt und größere Küferwerkstätten waren im Stande 60—65 Stück von jedem Arbeiter die Woche anfertigen zu lassen. Das dazu nothwendige Holz bot die waldige Umgegend der Stadt im Ueberfluß und es wurde von den Buschfarmern zu den billigsten Preisen geliefert. 1838 verheirathete sich Yaman mit Cath. Bechtel aus Deidesheim in Baden, und 1844 errichtete er mit J. Nagel eine Bäckerei, in welcher die erste Maschine zur Anfertigung von „Crackers" hier in Rochester aufgestellt wurde. Später brannte die Bäckerei nieder, wobei die Besitzer, da sie keine Versicherung hatten, einen Verlust von $5,000 erlitten. Außerdem hatte Yaman 2 Jahre nach dem Brand eine Summe von $2,100 zu bezahlen, für welche er für einen Freund Bürge geworden war.

Alle diese Unfälle aber vermochten seine Energie und seinen Geschäftsgeist nicht zu brechen. Im Jahre 1859 errichtete er mit Christ. Siel eine Brauerei in der Exchangestraße, die durch den 8 Monate später erfolgten Austritt Siel's aus der Theilhaberschaft in seinen alleinigen Besitz überging. 1861 erhielt er in Joseph Nunn einen neuen Partner in dem Braugeschäft. Er selbst übernahm außerdem noch das Jeffersonhaus. Die Bierbrauerei war zwar damals keineswegs so glänzend wie heute; es wurde blos Obergährbier verfertigt und gallonenweise verkauft; das Barrel brachte einen Preis von $4. Trotzdem aber erwarb sich Yaman durch Fleiß und Unternehmungsgeist so viel bei demselben, daß er 1864 im Stande war, die an der Ecke von Jay- und Sextonstraße gelegene Straßburger Ale-Brauerei zu gründen, die er gemeinschaftlich mit R. Kase bis zum Jahre 1882 betrieb.

Im Jahre 1833 wanderte Andreas Kieser aus Wimmuthsweiler im Regierungsbezirk Trier hier ein, wo er das Geschäft eines Mühlarztes betrieb. Nachdem er seines Geschäftes wegen

seinen Aufenthaltsort wiederholt verändert hatte, ließ er sich
von 1859 an ohne weitere Unterbrechung in Rochester nieder.

Seine erste Werkstätte errichtete er in der Millstraße. Er war
als Mühlarzt sehr gesucht und eine beträchtliche Anzahl der
Mühlwerke in Rochester und der Umgegend wurden von ihm
mit zeitgemäßen Verbesserungen versehen. Die Clinton-, Gra-
nate-, Jefferson-, Washington- und Crescent-Mühlen in Rochester sind von ihm den Anforderungen der Neuzeit entsprechend
eingerichtet worden. Kiefer ist durch diese seine Schöpfungen
auf's innigste mit dem Fortschritt des Mühlwesens, dem
Rochester seinen Aufschwung verdankte, verknüpft und verdient
daher wohl, daß sein Name unsern hiesigen deutschen Landsleuten aufbewahrt bleibt.

Einen besonders hervorragenden Platz unter den deutschen
Einwanderern der dreißiger Jahre nimmt Louis Bauer ein, der
seit dem Jahre 1835 ohne Unterbrechung hier wohnte.

Derselbe war am 31. August, 1812, in Lembach, im Unter-
Elsaß, Canton Weißenburg, geboren und wanderte im Jahre
1834 nach Amerika aus. Nachdem er 9 Monate lang als Nagelschmied in Utica gearbeitet hatte, siedelte er nach Rochester
über, wo er beim Bau von zwei eisernen Packetbooten, die für
den Canalverkehr bestimmt waren, lohnende Beschäftigung fand.
Er verfertigte die eisernen Nieten zu den Booten, die sonst von
auswärts hätten herbeigeschafft werden müssen, da außer Bauer
noch kein Nagelschmied in Rochester wohnte, und begründete sich
auf diese Weise in Kurzem eine Existenz.

Von der Umständlichkeit und Beschwerlichkeit eines Unterneh-
mens, wie der Bau dieser eisernen Boote in der damaligen Zeit,
kann uns die Thatsache einen Begriff geben, daß das zu denselben nothwendige Eisen sämmtlich zu W a g e n von New York
hierher geholt wurde. Nach Beendigung der Boote warf sich
Bauer mit Eifer auf sein früheres Geschäft, bis er im Jahre
1837 in Barton's Stahlwaarenfabrik Beschäftigung fand. Allein schon im darauffolgenden Jahre mußte er eines lahmen Ar-
mes wegen, den er sich dabei zugezogen, die Stellung wieder
aufgeben, worauf er mit dem bereits erworbenen Gelde die erste
deutsche Wirthschaft in Rochester (das spätere Lafayette-Haus)
errichtete, die er später in Verbindung mit Lux unter der Firma
„Lux & Bauer" weiterführte.

1838 errichtete er die erste deutsche Grocerie in Rochester an
der nordwestlichen, vom Erickanal und der West Mainstraße ge-
bildeten Ecke, und als ein Jahr darauf einer Erweiterung des
Kanals wegen das dortige Gebäude abgetragen werden mußte,

siedelte er nach der Süd St. Paulstraße in das der Elystraße gegenüberliegende Gebäude über, wo er die Grocerie fortsetzte, die er zwei Jahre darauf an B. Rupp abtrat.

Er selbst gründete an der Ecke von Brown- und Amesstraße (jetzt Wilderstraße) das Jeffersonhaus, worin er bis zum Jahre 1846 eine Grocerie nebst Wirthschaft betrieb. Das Jeffersonhaus war damals und noch lange Zeit hernach der Sammelplatz der deutschen Bevölkerung und wurde von seinem Besitzer mit einem für die damaligen Verhältnisse ganz ungewöhnlichen Comfort ausgestattet. Mit der Wirthschaft war eine Bierbrauerei verbunden, die zweite, die in Rochester existirte. Im Jahre 1849 bereits errichtete Bauer jedoch ein größeres Brauereigebäude in der Lyellstraße, in welchem er bis 1870 das Brauergeschäft fortsetzte.

Im letztgenannten Jahre zog er sich vom Geschäfte zurück und lebte in behaglichen Verhältnissen von seinem erworbenen Vermögen.

Louis Bauer hatte während der langen Periode, die er in Rochester verbrachte, verschiedene Ehrenämter bekleidet.

Im Jahre 1845 wurde er zum Assessor der zweiten Ward ernannt. 1855 wurde er Alderman der 9. Ward, der er durch die neue Wardeintheilung zugefallen war, und als ein Theil der 9. Ward in die 11. überging, wurde er 1858 zum ersten Alderman dieser Ward ernannt. Zwischen den Jahren 1863—70 war er nicht weniger als viermal Supervisor. Beim Ausbruch des Krieges wurde er mit F. Zimmer zusammen mit der Rekrutirung in unserer Stadt beauftragt, trat aber infolge von Geschäftsüberbürdung sein Amt an einen Anderen ab. Als sich im Jahre 1872 die Rochester Deutsche Feuerversicherungsgesellschaft organisirte, wurde er mit der Wahl zum ersten Präsidenten derselben beehrt.

Unter den gleichzeitig mit Bauer eingewanderten Deutschen ist vor allen Dingen John Lutes, oder Lutz, zu erwähnen, der die höchste Sprosse auf der Stufenleiter der öffentlichen Ehren in Rochester erstieg und sich durch das Vertrauen, das seine Mitbürger ihm durch Uebertragung des ersten unter den städtischen Aemtern ausdrückten, in den Annalen des hiesigen Deutschthums eine ehrenvolle Erwähnung redlich verdient hat.

Johann Lutes, oder Lutz, wie er sich in Deutschland schrieb, ist am 15. Nov. 1815 in Gomaringen im Königreich Württemberg geboren, und wanderte im Jahre 1831 nach Amerika aus. Die Reise bis Rotterdam legte er größtentheils zu Wasser auf dem Neckar und dem Rhein zurück und landete am 17. August

1831 nach 9wöchentlicher, stürmischer Fahrt mit 119 anderen Passagieren in New York, wo man das Fahrzeug, das ihn beförderte, bereits für verloren gehalten hatte.

Der junge Einwanderer suchte und fand vorerst lohnende Beschäftigung beim Bau einer Eisenbahn zwischen Albany und Schenektady, der ersten Eisenbahn in den Ver. Staaten.

Der Arbeitslohn erreichte damals den ungewöhnlich hohen Betrag von $1.50 den Tag (in Rochester betrug er durchschnittlich 75 Cents). — Später associrte sich Lutes mit J. Naman, mit dem er die früher erwähnte „Sägemühle" betrieb. Im Mai 1835 wanderte er in Rochester ein, und arbeitete als Mühlarzt für verschiedene Firmen, besonders für Hiram Smith, der 7—8 Mühlen besaß. Im Jahre 1850 etablirte er sich selbstständig und beschäftigte zu Zeiten nicht weniger als 25 Arbeiter, darunter verschiedene der heutigen deutschen Mühlenbesitzer. Die Jefferson-Mühle ist so von ihm eingerichtet worden und in den Mühlen G. Withney's, Ch. Hills, G. H. Pools und General Williams' fand er beständig lohnende Kundschaft.

Im Jahre 1857 wurde er von der 9. Ward zum Alderman gewählt, und im Jahre 1866 beehrten ihn die Republikaner und die Demokraten der 2. Ward, wohin er mittlerweile übergesiedelt war, ohne Rücksicht auf politische Ueberzeugungen mit demselben Vertrauensposten. Im Jahre 1870 erfolgte seine Wahl zum e r s t e n d e u t s c h e n M a y o r von Rochester, und daß er das ihm bewiesene Vertrauen seiner Mitbürger auch auf diesem Posten zu würdigen wußte, bewies er durch eine ehrliche und energische Amtsführung. Es wurde damals im Stadtrath der Versuch gemacht, die der Stadt gehörigen Bonds der Genesee-Valley-Bahn, die sich zusammen auf $300,000 beliefen, loszuschlagen, und Lutes war eine Summe von $5,000 geboten, falls er seine Zustimmung zu diesem Verkaufe gebe. Allein getreu seinem Amtseide und Pflicht, Ehre und Gewissen höher stellend, als schnöden Geldgewinn, belegte er den betreffenden Stadtraths-Beschluß mit seinem Veto und sicherte der Stadt dadurch ein jährliches Einkommen von $18,000, das ihr jene Bonds jetzt einbringen! Um über das Interesse der Stadt bei der Bahnverwaltung wachen zu können, kaufte er eine Anzahl Aktien der Kompagnie, die er infolge der Verwässerung durch welche man die Stadt zum Aufgeben ihres Antheils zu zwingen suchte, zu 30 Prozent erhielt. (Gegenwärtig sind dieselben 115 werth!) Diese Thatsachen reichen hin, unserem wackeren Landsmanne ein ehrenvolles Andenken unter seinen Mitbürgern zu sichern.

Im Jahre 1876 bis 1877 begleitete er die Stelle eines Hilfs-

Superintendenten am Erie-Kanal, und 1878 bis 1879 fungirte er als Superintendent und genoß auch in diesen beiden Stellungen den Ruf eines ehrlichen und gewissenhaften Beamten.

Während seiner Amtszeit als Mayor wurden in Rochester zwei politische Conventionen abgehalten und Lutes erwarb sich durch seine umsichtige Vorsorge für die zu denselben erschienenen Delegaten den allgemeinen Dank. Von Bill Tweed in New York erhielt er sogar ein höchst werthvolles Geschenk, begleitet von einem sehr schmeichelhaften Danksagungsschreiben. Ein besonders hoch anzuschlagendes Verdienst erwarb er sich durch die eifrige Agitation zur Gründung der „Rochester Deutschen Feuerversicherungs-Gesellschaft" die ihn zu ihrem Vice-Präsidenten erwählte. In der That ist ihm aber auch die Gesellschaft zu nicht geringem Danke verpflichtet, da er sich weder durch die vorhergegangenen mißlungenen Versuche ein derartiges Institut zu gründen, noch durch sonstige dem Unternehmen sich entgegenstellende Schwierigkeiten abschrecken ließ, von Haus zu Haus zu gehen und die nöthigen Subscriptionen sichern zu helfen, bis das Zustandekommen der Gesellschaft außer Frage gestellt war.

Und der Erfolg, den dieselbe erzielte, übertraf alle Erwartungen. Mit einem Subscriptionsbetrage von $100,000 beginnend, dehnt heute die „Rochester Deutsche Feuerversicherungs-Gesellschaft" ihre Geschäfte über die ganzen Ver. Staaten, von der atlantischen bis zu pacifischen Küste aus, und genießt, was Solidität und reelle Geschäftsführung anbelangt, einen Ruf, wie sich dessen wenige ihrer Konkurrenten zu erfreuen haben.

Zu den im Jahre 1835 eingewanderten Deutschen gehört Johann Schweitzer, der 1832 aus Kehl in Baden auswanderte und sich in Schoharie niederließ. Nach dreimonatlichem Aufenthalte reiste er von dort nach Rochester, hielt sich aber nur den Winter über daselbst auf, weil die Zeitverhältnisse damals in dieser Stadt für sein Geschäft nicht besonders günstig waren. Er arbeitete als Zimmermann und verdiente durchschnittlich 9 Schillinge den Tag. Mit Beginn des folgenden Frühjahrs reiste er nach New York zurück und blieb dort bis zum Jahr 1835 in einer Möbelfabrik beschäftigt.

In Rochester, wohin er im genannten Jahre zurückkehrte, setzte er diese Beschäftigung in der Starr'schen Möbelfabrik eine Zeit lang fort, bis er wieder in seiner eigentlichen Profession, der Zimmermannskunst, lohnende Arbeit fand.

Er stellte die Zimmerarbeit zu der deutschen katholischen Kirche auf dem Grunde, wo jetzt die St. Peter- und Paulskirche steht, und erlebte den unmittelbar nach Beendigung des Bau's ausbrechenden Kirchenstreites mit, ohne jedoch aktiven Antheil an demselben zu nehmen.

Neben seiner Profession betrieb Schweitzer auch noch die Agentur für die New Yorker Staatszeitung, und schon im Jahre 1835 hatte er 100 Abonnenten für dieselbe in Rochester gesammelt.

Im Jahre 1836 siedelte sich Bernhard Rupp von Hunsbach im Elsaß in Rochester an, nachdem er 3 Jahre in Oneida und Lyons als Farmer verlebt hatte. Den ersten Winter seines Aufenthaltes in Rochester verbrachte er in einem Hause, das in der Franklinstraße in der Nähe der St. Josephskirche gelegen war.

Allein diese Gegend der Stadt war selbst damals noch äußerst schlecht besiedelt, das Land zum größten Theile noch Gemeindeland, die Bäume waren zwar theilweise gefällt, aber die Stumpfe standen noch, und mit einem gewissen Stolze pflegte Rupp zu erzählen, daß er in der heutigen Franklinstraße sich durch Ausgraben solcher Stumpfe seinen Bedarf an Winterholz für das erste Jahr seines Aufenthalts verschafft habe.

Im Frühjahr des Jahres 1836 errichtete er in Verbindung mit seinem Schwager Lux an der Stelle, wo heute die Sparbank steht, an der Ecke von Fitzhugh und Mainstraße, eine Wirthschaft nebst Kosthaus, das eine Zeit lang den Sammelpunkt der damals noch wenigen und über das weite Stadtgebiet zerstreuten Deutschen bildete. Im Herbst desselben Jahres jedoch gab Rupp dieses Geschäft auf und arbeitete 3 Jahre in Chili als Farmer, worauf er in der Seifenfabrik von Moulson in Condition trat. Im Jahre 1841 errichtete er in der Süd St. Paulstraße, der Elystraße gegenüber, eine Grocerie nebst Wirthschaft, die er 1846 mit einer von ihm selbst an der Ecke von Nord Clinton- und Atwaterstraße erbauten Grocerie, der ersten in jener Gegend, vertauschte. Unter seinen Nachbarn in der St. Paulstraße befand sich August Himmel, der erste deutsche Bäcker, der an der Stelle, wo jetzt Brown's Block steht, sein Geschäftslokal hatte. Himmel verfertigte hauptsächlich Schwarzbrod, das er an die amerikanischen Einwohner absetzte, da er nur äußerst wenige Deutsche zu seinen Kunden zählte.

Unter den Einwanderern vom Jahre 1838 ist besonders Jakob Seiler zu erwähnen, der im Jahre 1836, weil ihm die heimathlichen Arbeitsverhältnisse zu ärmlich waren, aus Roitheim im Königreich Württemberg, nach den Ver. Staaten auswanderte. Im Jahre 1836 siedelte er, nachdem er 2 Jahre zu einem Tagelohn von $1 in New York als Zimmermann gearbeitet hatte, nach Rochester über, wo er abwechselnd beim Schiff- oder Häuserbau Beschäftigung fand.

Im Jahre 1845 hatte er das Unglück beim Bau des Fabrik-Gebäudes der hiesigen Baumwollen-Manufaktur am ersten Fall infolge eines schlecht angebrachten Gerüstes aus einer Höhe von 53 Fuß herabzustürzen, wobei er sich Verletzungen in den Hüften und am Beine zuzog, die ihm noch bis in sein hohes Alter große Beschwerden machten. Das dicht über dem Fall vorspringende Dach eines niedrigen Schuppens fing ihn damals auf, sonst wäre er rettungslos über den Fall hinweggestürzt, und um sein Leben wäre es dann vermuthlich geschehen gewesen.

Bis 1869 arbeitete Seiler hierauf wieder in dem Schiffsbauhof von Jones und erbaute dann, weil diese Arbeit nicht mehr viel einbrachte, das Gebäude an der Ecke von Whitney- und Campbellstraße, worin er noch im Jahre 1883 wohnte.

Eine weitere Pionierfamilie aus dem Ende der dreißiger Jahre ist die Familie Andreas Meyer's, welche im Frühjahr 1836 aus Baden hier einwanderte. Die Familie bestand aus Vater und Mutter nebst 8 Kindern, 4 Söhnen und 4 Töchtern. Das Kanalboot, welches sie hierher beförderte, traf bei Nacht ein und setzte nach kurzem Aufenthalt seine Reise fort, weßhalb die Einwanderer ihre erste Nacht im Freien zu verbringen hatten. Am nächsten Morgen jedoch fand Meyer bereits für sich und seine beiden ältesten Söhne Beschäftigung in seinem Handwerk als Schiffbauer in der Schiffswerfte von S. C. Jones in der Warehousestraße und brachte seine Familie in einem an der Ecke von Brown- und Kentstraße gemietheten hölzernen Hause unter. Die jüngeren Söhne wurden in eine mitten in Brown Square stehende Schule gesandt, wo sie von der eingeborenen Schuljugend, die sie als eine Art von Wilden betrachtete, viel auszustehen hatten. Nach einjährigem Aufenthalte in der Stadt war Vater Meyer bereits im Stande, sich ein eigenes Haus an der Ecke von Brown- und Kingstraße zu kaufen, in welchem er bis ein Jahr vor seinem Tode lebte. Er starb im Alter von 72 Jahren, und ein Jahr nach seinem Tode folgte ihm auch seine Lebensgefährtin im gleichen Alter nach.

Seine Söhne Friedrich, Philipp, John A. und C. C. Meyer führten das Schiffbau-Geschäft ihres Vaters fort, und sind die Eigenthümer aller Schiffswerften der Stadt mit Ausnahme einer einzigen. Die von ihnen erbauten Kanalboote haben nicht wenig zum Gedeihen und der Wohlfahrt Rochesters beigetragen, und genießen wegen ihrer Solidität einen weit über die Grenzen der Stadt hinausgehenden Ruf. Der älteste Sohn, Friedrich, starb 1863 in der Oakstraße, nachdem ihm bereits zwei seiner Schwestern im Tode vorangegangen waren. Der zweite Sohn, Philipp Meyer, hat abwechselnd das Amt eines Stadtraths, Supervisors und Mitglieds des Executivrathes bekleidet, und auch der jüngste, C. E. Meyer, verwaltete 1872-1873 das Amt eines Stadtraths und 1883-1884 das eines Supervisors der 7. Ward.

Ein Stück von der Geschichte des ersten Rochesterer Deutschthums verkörpert sich in den Erlebnissen Anton Lerch's, der im Jahre 1810 aus Maurusmünster im Elsaß, in Rochester einwanderte, wo er eine Zeit lang als Schiffsbauer und Tischler arbeitete, bis er sich im Jahre 1840 selbst als Schreiner etablirte. Später gab er dieses Geschäft auf und betrieb eine Grocerie nebst Wirthschaft sowie Küferei und Holzhandel. Nachdem er hierauf 6-7 Jahre lang eine Farm bearbeitet hatte, errichtete er eine bedeutende Holzhandlung in Rochester, welche oft 6-7000 Cords im Jahre absetzte.

Lerch war ein hervorragender Kämpfer in dem berühmten Kirchenstreit der „Schwarzen und der Speckbrüder", der in den vierziger Jahren in Rochester viel von sich hören machte, und fast ein Jahrzehnt lang von beiden Parteien mit der äußersten Erbitterung geführt wurde. Im Jahre 1843 war nämlich der Grundstein zu der St. Peters= u. Paulskirche gelegt worden, wobei die deutschen Grenadiere in voller Uniform mitgewirkt hatten. Joseph Vögele und ein anderes Mitglied der neugegründeten Gemeinde hielten als Vertrauensmänner derselben den Besitztitel über das Grundeigenthum. Später wurde ihnen derselbe jedoch von dem Pastor Krautbauer abverlangt, worüber die Gemeinde in nicht geringe Aufregung gerieth. Die Vertrauensmänner waren zum äußersten Widerstande entschlossen und Joseph Vögele, oder „Vogelsepp", schwor sogar, „ehe er eine Abtretung unterschreibe, solle ihm die Hand schwarz werden."

Allein, wie es in solchen Fällen zu gehen pflegt, erlahmte auch hier durch die Länge der Zeit die Widerstandskraft, und Pastor Krautbauer erhielt allmählich die Unterschriften der Majorität der Kirchenmitglieder, durch welche dieselben ihre Zustimmung zur Abtretung des Besitztitels ausdrückten.

Hierüber herrschte große Erbitterung unter den „Schwarzen", wie die Oppositionspartei von ihren Gegnern, den „Speckbrüdern", genannt wurde, und es kam wiederholt zu stürmischen Auftritten. Pastor Krautbauer war nicht selten genöthigt, den Schutz der Polizei gegen die Aufrührer anzurufen, die sich übrigens dadurch nicht abhalten ließen, ihm die Kirche zu stürmen, um die Versteigerung der Stühle vorzunehmen.

Nach 9½ jährigem erbitterten Prozeß wurde übrigens der Kirchenstreit von den beiderseitigen Advocaten dahin beigelegt, daß der Pastor zwar den Besitztitel erhielt, sich aber dafür zur Deckung der beiderseitigen Prozeßkosten verstand.

Den Zeitraum Rochester's zwischen 1814 und 1835 können wir treffend als die Pionierperiode seiner deutschen Bevölkerung bezeichnen. Galt es ja doch für die deutschen Einwanderer dieser Zeit nicht allein Wohnsitz und Unterhalt, sondern auch eine Heimath zu erringen, in welcher sie mit allen Fasern ihres Wesens Wurzel schlagen konnten.

Unter dem Ringen und Schaffen für die leibliche Nothdurft, in einer fremden Umgebung erklangen immer wieder leise Akkorde aus der alten Heimath in ihrem Innern, und das Heimweh nach dem alten Vaterlande verlieh dem Verkehr zwischen Familienangehörigen und Namensverwandten jene innige Herzlichkeit, welche die deutschen Pioniere in allen Welttheilen kennzeichnet und ihren aus der alten Heimath mitgebrachten geselligen Gebräuchen in noch vermehrtem Grade jenen eigenthümlichen Zauber verleiht, den wir mit dem undefinirbaren Worte „Gemüthlichkeit" zu bezeichnen pflegen. Schon in jener ersten Periode der deutschen Einwanderung strahlte in den bescheidenen Wohnungen des deutschen Ansiedlers am Weihnachtstage der festlich geschmückte Christbaum; in den Feierstunden erklangen die bald heiteren, bald schwermüthigen Weisen des deutschen Volksliedes, und wo sich Musikverständige fanden, bildete sich gewiß rasch eine primitive Kapelle, welche an Sonn- und Feiertagen, wie in der alten Heimath, einem kleinen Auditorium naturwüchsige musikalische Genüsse bereitete oder der tanzlustigen Jugend einige heitern Walzer oder Ländler aufspielte. Dabei führte, wie bereits früher erwähnt, das religiöse Bedürfniß zur Veranstaltung gelegentlicher Gebets- und Erbauungsversammlungen, aus welchen sich im Laufe der Zeit jene wichtigen Mittelpunkte deutsch-amerikanischen Geistes- und Gemüthslebens in der Pionierzeit, die deutschen Kirchen, hervorbildeten.

Gegen Mitte der dreißiger Jahre finden wir die deutsche Bevölkerung Rochester's so weit erstarkt, daß ihre aus dem Gemüths- und Geselligkeitsbedürfnisse hervorgehenden Vereinigungen allmählich einen umfangreicheren und permanenteren Charakter annehmen, und wir treten daher mit diesem Zeitraum ein in die Entwicklungsperiode eines eigenartigen socialen Lebens unter dem Deutsch-Amerikanerthum der Stadt, in welchem bereits zu jener Zeit die Keime aller späteren gesellschaftlichen Organisationen zu treiben beginnen.

Der deutsche Einwanderer betritt von jetzt an in Rochester nicht mehr eine ihm fremde Welt: Die Klänge seiner Muttersprache, die Sitten und Gebräuche seiner alten Heimath, auf dem Boden der Freiheit entwickelt und erweitert, begrüßen ihn jetzt und fesseln ihn von Tag zu Tag fester und unauflöslicher an das neue Vaterland. Mehr und mehr beginnt er jetzt selbstständig in die Entwicklung desselben einzugreifen und der Adoptiv-Heimath sein eigenes Gepräge aufzudrücken. Sieben deutsche Kirchengemeinden, die sich in den Jahren 1835–1859 konstituirten, die St. Josephskirche (gegründet 1835), die lutherische Zionskirche (1838), die Trinitatiskirche (1842), die St. Peter- und Paulskirche (1843), die erste deutsche Baptistenkirche (1848–1849), die jüdische Gemeinde Berith Kodesch (1846) und die deutsche Methodistenkirche (1849) sind ebenso sprechende Zeugen von dem fortdauernden Strome deutscher Einwanderung, der sich seit diesem Zeitraume nach Rochester ergoß, wie von dem Bestreben der Eingewanderten, ihre eigenen Lebensgewohnheiten auf den Boden des neuen Vaterlandes zu verpflanzen und ihre aus der alten Heimath mit herübergebrachten Anschauungen den freien Institutionen der neuen entsprechend zu modificiren. In den deutschen Niederlassungen, deren Mittelpunkte diese Kirchen bildeten, fanden deutsche Sitte und deutsche Sprache ihre Pflege. In ihnen wurde der altangesessene deutsche Bürger dem neu eingewanderten zum Rathgeber und Lehrmeister, der ihn mit Einrichtungen und Prinzipien des neuen Vaterlandes bekannt machte und in das politische Gemeinwesen einführte. Dabei ermöglichte die in ihnen forterhaltene Kenntniß der deutschen Sprache unter den Eingewanderten die Entwicklung eines besonderen deutschen Kleingewerbes, aus dem sich durch allmähliche Verbindung deutschen Fleißes und deutscher Geschicklichkeit mit amerikanischem Unternehmungsgeist mehrere der bedeutendsten Industrieen Rochester's hervorbildeten. Neben den bereits in den biographischen Skizzen der Pioniere aus den dreißiger Jahren erwähnten deutschen Geschäften sind besonders eine Grocerie der Firma Schöffel & Meier, die deutsche Apotheke von Dies & Siedenbur (?), das Hotel Georg Flucks, die Fleckenstein'sche Bäckerei, die Brauerei Geo. Marburger's u. a. anfangs der vierziger Jahre auf diesem Boden entstanden.

Die letztere verdient wohl, als die erste Vorläuferin eines Industriezweiges, dem Rochester nachmals eine gewisse Berühmtheit verdanken sollte, hier besondere Erwähnung, zumal da sie der Strom der Entwicklung unserer Blumenstadt bereits wieder spurlos hinweggefegt hat.

Der Begründer derselben, Geo. Marburger, war im Jahre 1841 von Buffalo, wo er einige Zeit lang gewohnt hatte, mit seiner Gattin nach Rochester übergesiedelt, wo er im selben Jahre in der Nord Clintonstraße, neben der damals blos eingeleisigen Eisenbahn die Brauerei erbaute. Sein Gebräu, ein leichtes Obergährbier, und seit 1850 auch Lagerbier, fand bei Amerikanern wie Deutschen so großen Anklang, daß kaum genug davon geliefert werden konnte. Im Jahre 1854, während das Geschäft in schönster Blüthe stand, starb der Besitzer zum allgemeinen Bedauern seiner deutschen, wie amerikanischen Mitbürger, bei welchen er seines braven Charakters und seiner Geschäftstüchtigkeit wegen, in hohem Ansehen stand. Die Brauerei wurde von seiner umsichtigen und willensstarken Wittwe, die sich später mit Carl Rau verheirathete, in Gemeinschaft mit ihrem Schwager, Jacob Marburger, weitergeführt und zählte von Anfang bis zu Ende die besten deutschen wie amerikanischen Bürger zu ihren Kunden. Im Jahre 1856 gründete der zweite

Gatte Frau Elisabeth Marburger's, Carl Rau, eine eigene
Brauerei in der St. Paulstraße (die spätere Geneseebrauerei),
worauf die alte Marburger'sche Brauerei pachtweise in die Hän=
de Jacob Marburger's überging, der bis zum Eingehen dersel=
ben ihren guten Ruf aufrecht erhielt.

Im Jahre 1881 wurde der Platz, auf dem die Brauereige=
bäude standen, von der Centralbahn requirirt und im Jahre
1882 abgetragen, um dem neuen Bahnhof Platz zu machen, des=
sen Gebäulichkeiten zum Theile auf dem Grunde derselben ste=
hen. Die in der St. Paulstraße errichtete Rau'sche Brauerei
wurde bis 1867 von ihrem Erbauer, C. Rau, selbst betrieben,
sodann an die Firma Reisky & Spies verpachtet und später an
die jetzige Genesee-Brauerei ausverkauft, während sich ihr Be=
sitzer in den Ruhestand zurückzog.

Das Hauptkontingent der deutschen Einwanderung während
der vierziger Jahre scheinen das Elsaß, Bayern, besonders die
Rheinpfalz, Württemberg und Baden geliefert zu haben; erst die
größere Vervollkommung der Verkehrswege, besonders der Ei=
senbahnen, brachte nach den Hungerjahren von 1846 und 1847
und nach dem Fehlschlagen der 48=er Revolution auch Einwan=
derer aus Mittel= und Norddeutschland in größerer Anzahl.

Die später zu beträchtlichen Dimensionen anwachsende Ein=
wanderung der Pfälzer, besonders aus dem Dorfe Schifferstadt,
nahm bereits in den vierziger Jahren ihren Anfang, und die
Familien Sellinger, Heberger, Leckinger, Hölzer, Kolb u. A. sind
als die Vorläufer derselben zu betrachten. Die Lebensverhält=
nisse waren in diesem Zeitraume verhältnißmäßig billig. Ein
guter Arbeiter verdiente 75 Cents bis $1 den Tag, wovon er
er jedoch einen beträchtlichen Theil in "store pay" ausbezahlt
erhielt. Ein Faß Mehl kostete $4 und ein Pfund Fleisch 3–4
Cents.

Ende der vierziger Jahre wurde die erste nicht-kirchliche Organisation außer den bereits erwähnten deutschen Grenadieren, gegründet.

Die zahlreichen nach dem Fehlschlage der 48'er Revolution über See gekommenen deutschen Flüchtlinge hatten nämlich in New York und anderen größeren Städten des Ostens eine Art Loge unter dem Titel „Herrmanns-Söhne" gegründet, die in kurzer Zeit eine bedeutende Ausdehnung annahm. Das Beispiel der östlichen Städte fand Nacheiferung, und in Kurzem hatte auch Rochester seinen Verein der Hermanns-Söhne, welcher die tüchtigsten deutschen Elemente in seiner Mitte vereinigte. Seine ersten Anfänge nahm der hiesige Verein der Hermanns-Söhne in verschiedenen Privathäusern, und erst nachdem er etwas mehr erstarkt war, versammelte er sich auch in öffentlichen Lokalen.

Nach längerer lebhafter Correspondenz mit der New Yorker Organisation erhielt der Verein an 29. Nov. 1847 einen Freibrief von der Groß-Loge des Staates unter dem Titel: „Rochester Genesee-Loge, No. 10, D. O. D. H. S." Als Gründer der Loge sind im Freibrief angeführt: K. Röhrig, N. Neuhöfer, J. Duffner, M. Stoltz, A. Stupp, Dr. Reichenbach, L. Wolff, Dr. Schlötzer, M. Neuhard, J. Fuchs, K. Stetzenmaier, Ph. Beck, J. Schneckenberger, Ph. Will, F. Lux.

Im Jahr 1851 starb der erste Bruder der Rochesterer Loge, und die Mitglieder derselben rückten dabei mit ihren vollständigen Regalien in corpore aus, was besonders unter der deutschen Bevölkerung großes Aufsehen erregte. Die Loge nahm deshalb unmittelbar darauf an Mitgliederzahl auf's Bedeutendste zu. Allein fast gleichzeitig mit dieser ihrer Blüthe entstanden auch zahlreiche andere deutsche Vereine in Rochester, der Turnverein, der Verein der deutschen Oddfellows, und Kirchenvereine aller Art, und machten den Hermanns-Söhnen natürlich empfindliche Konkurrenz. Das geheimnißvolle Gepränge des Logenwesens wirkte anziehender auf die Menge, als die schlichten, einfachen Regeln der Genesee-Loge, und die freien Grundsätze, welche im ganzen Orden gepflegt werden, bildeten für die orthodoxen Elemente einen Stein des Anstoßes, und so kam es, daß die Hermanns-Söhne allmählich viel von ihrer ursprünglichen Popularität verloren. Eine Liste der ersten Mitglieder der Loge außer den im Freibriefe genannten, haben wir bis jetzt noch nicht zu erlangen vermocht; als erster Präsident derselben wird Ph. Beck genannt.

Die Genesee-Loge hat in der Entwicklungs-Geschichte der deutschen Bevölkerung Rochester's jedenfalls einmal eine nicht unbedeutende Rolle gespielt, und um so mehr ist zu bedauern, daß uns über die Geschichte derselben blos so dürftige Notizen erreichbar sind.

III. Die deutsche Bewohnerschaft
von 1850 bis 1860.

Ihre politische und sociale Entwicklung.

Der auf das Jahr achtundvierzig folgende Zeitraum mit seiner verstärkten Einwanderung fleißiger und geschickter Arbeitskräfte sowohl, wie rüstiger Streber auf der Bahn des Fortschrittes und der Bildung, welche die auf den kurzen Freiheitstraum folgende Reaktion aus dem deutschen Vaterlande vertrieb, leitet auch für Rochester eine Periode ein, in welcher der auf einen neuen Boden verpflanzte deutsche Volksgeist nach Entfaltung ringt, und der adoptirten Heimath sein dauerndes Gepräge aufzudrücken beginnt. Der dem Deutschen eigenthümliche Trieb zur Geselligkeit, Gleichheit der Gesinnungen und Bestrebungen, die Cooperation zur Erreichung gemeinsamer Zwecke rufen jetzt eine Anzahl bleibender Vereinigungen zur gegenseitigen Unterstützung, Unterhaltung oder Belehrung hervor, welche auch heute noch den Mittelpunkt des geistigen und socialen Lebens unter der deutsch-amerikanischen Bevölkerung und die Horte deutschen Wesens bilden. Vereine zu gegenseitiger Sicherstellung in Unglücks-, Krankheits- und Sterbefällen, zur Pflege der Geselligkeit, der Künste oder leiblicher Fertigkeiten, Unterrichtsanstalten zur Erhaltung deutscher Bildung und deutscher Sprache, blühen jetzt in großer Anzahl empor und greifen nachhaltig ein in den

Entwicklungsgang des geistigen, socialen und politischen Lebens
unter dem Deutsch=Amerikanerthum, und während sie anfangs
der eingeborenen Bevölkerung schroff gegenüber zu stehen schei=
nen, vollzieht sich in ihnen leise und allmählich ein Theil des
Amalgamisationsprozesses in Abstammung, Sitten, Gebräuchen
und Anschauungen ursprünglich verschiedener Völkerstämme, die
dazu bestimmt sind, in eine einzige große Nation zu verschmel=
zen. Durch die amerikanischen Mustern nachgebildeten deutschen
Cooperativ=Vereine wird das ächt amerikanische Prinzip der
Selbsthilfe in das Deutsch=Amerikanerthum eingeführt; die hier=
zulande hochgehaltene Pflege der äußeren Kultur findet in unse=
ren deutschen Organisationen fruchtbare Pflanzstätten, durch
welche sich ihre verfeinernde Wirkung und der mit derselben
verbundene äußere Schliff auf Familien wie Individuen über=
trägt; in ihnen lernt der deutsche Eingewanderte nach dem Mu=
ster der eingeborenen Elemente Selbstbeherrschung, die freiwil=
lige Unterordnung unter selbstgeschaffene Gesetze und Obere, den
freien Meinungs=Ausdruck und die Kunst des Debattirens.
Dabei haben die deutsch=amerikanischen Schulorganisationen den
Amerikaner mit den Erziehungsgrundsätzen und Methoden eines
Pestalozzi, Fröbel u. A. bekannt gemacht, die deutschen Gesang=
und Musikvereine haben ihm die Meisterwerke der Tonkunst
nahe gerückt und den Sinn für dieselben in ihm wachgerufen
und genährt, und Lust und Liebe zu Musik und Gesang vereinigt
heutzutage Amerikaner und Deutsche bei den verschiedensten
Gelegenheiten zu gemeinsamem Wirken und Streben. Die eben=
falls auf den Boden der Freiheit verpflanzten Turnvereine ha=
ben der hierzulande allzusehr vernachläßigten, oder unter der
Vorspann des Ehrgeizes und der Gewinnsucht verwahrlosten
leiblichen Erziehung neben der geistigen eine Stätte bereitet, und
so sehr sich auch nativistische Eitelkeit dagegen sträuben mag —
die in den öffentlichen Lehranstalten eingeführten „Calisthenic's",
die systematische Pflege körperlicher Ausbildung in den amerika=
nischen "Athletic Clubs" oder den „Gymnasien" sind ihr Werk.
Vor Allem aber schlägt in diesen deutsch=amerikanischen Verei=
nigungen die Liebe zu dem neuen Vaterlande ihre Wurzeln und

knüpft sie mit unauflöslichen Banden an den gemeinsamen Boden und an die übrige Bevölkerung.

Wenn die Zeit vor dem Jahre achtundvierzig als die Periode der Kindheit und der Jugend unseres Rochesterer Deutschthums bezeichnet werden mag, in welcher fast seine ganze Thätigkeit in der Befriedigung seiner materiellen Bedürfnisse, in der Aufnahme von Eindrücken aus seiner neuen Umgebung und in der Herstellung von anregenden Mittelpunkten für das sittliche u. religiöse Leben aufging, so bezeichnet der Zeitraum zwischen den fünfziger und sechsziger Jahren seinen Eintritt in das kräftige Mannesalter, in dem es die empfangenen Eindrücke zu verwerthen und in das Getriebe seiner bürgerlichen Gesellschaft selbstthätig einzugreifen beginnt. Acht deutsche Vertreter, welche in den Jahren 1853–1860 an der gesetzgeberischen Leitung des Gemeinwesens Theil nahmen, sind sprechende Zeugen von dem Interesse und Antheil, den die deutsche Bevölkerung Rochester's an der städtischen Politik nahm; ein Gesangverein, drei Bildungsvereine, drei Logen, fünf gegenseitige Unterstützungsgesellschaften und eine kleine Anzahl von Militär- und Schützenvereinen sind die Schöpfungen, in welchen sich zwischen den Jahren 1850 und 1860 das Streben nach Sicherstellung, Verschönerung und Fortbildung des materiellen, geistigen und socialen Lebens unter dem Deutschthum unserer Blumenstadt ausprägte, während drei deutsche Journale, die in derselben Zeit entstanden, den Beweis liefern, daß das Bedürfniß nach geistiger Anregung unter unseren Landleuten in Rochester empfunden und so weit es die Verhältnisse gestatteten, auch befriedigt wurde, und daß der durch die Presse vermittelte Ideenaustausch bereits seine befruchtende Wirkung unter dem Deutschthum auszuüben begann.

Verschiedenartigkeit der Ziele, der Ansichten und der religiösen Ueberzeugungen schufen zwischen den deutschen Organisationen oft tiefe Klüften, stets aber bildete das Bestreben den heimischen Sitten, Lebensgewohnheiten und Einrichtungen, soweit sie sich mit den Institutionen der Republik vertragen, auch im neuen Vaterlande eine Stätte zu bereiten und zu erhalten, das geistige Band, das sie immer wieder zusammenschließt. Die auf dem Boden Amerika's verpflanzten deutschen Feste insbesondere bilden Vereinigungspunkte, in welchen immer wieder alle Elemente der deutsch-amerikanischen Bevölkerung zusammentreffen und ihre Begeisterung für deutsche Geistes-Errungenschaften, die Liebe zu ihrer Sprache, den Trieb zu fröhlicher Geselligkeit und die Anhänglichkeit an die in das neue Vaterland verpflanzten Strebensziele und Gewohnheiten auf's Neue entflammen. Zweimal haben so zwischen 1850–1860 altheimathlichen Mustern nachgebildete deutsche „Volksfeste", das eine zu Anfang der fünfziger Jahre, an der Float Bridge, das andere gegen Ende derselben in einem schattigen Haine in der Rowestraße, bei den unteren Fällen, neben der Statestraße, die deutsche Bevölkerung Rochester's gesellig vereinigt. Das zweite dieser Feste insbesondere scheint bereits für die damaligen Verhältnisse recht bedeutende Dimensionen gehabt zu haben. Unter Leitung des Festmarschall Louis Bauer formirte sich am Morgen des 28. Juni 1858 auf Washington Square die Festprozession, an welcher die deutschen Grenadiere, die Union Guards, die deutschen Freischützen, die Rifle Guards, der Turnverein, der Männerchor, der Verein der Hermanns-Söhne und der Freimännerverein Theil nahmen, und zog unter den Klängen der von der Sauer'schen und Newman'schen Musikbande gespielten Märsche nach dem Festplatze ab. Scheibenschießen, Turnen, Gesangsvorträge des Männerchor, Volksbelustigungen u. s. w. bildeten das Unterhaltungsprogramm. Adolph Nolte, der Redakteur des „Rochester Beobachter", hielt die Festrede. Das Programm dieses Festes und die an demselben betheiligten Organisationen geben uns einen ungefähren Begriff von dem damaligen Stande des gesellschaftlichen Lebens unter dem hiesigen Deutschthum und zeigen unter Anderem auch, daß das in der alten Heimath gepflegte Schützen-, Gesangvereins- und Turnwesen in diesem Zeitraume bereits feste Wurzel in Rochester gefaßt hat. Auch das in Deutschland's Städten gepflegte Liebhaber-Theater hatte bereits zu Anfang des letztgeschilderten Zeitraumes seinen Weg nach Rochester gefunden, denn schon im

Jahre 1853 pflegte eine kleine Dilettanten-Gesellschaft im Jeffersonhaus in der Brownstraße gelegentliche dramatische Vorstellungen zu geben. Waren auch die Bühnen-Einrichtungen anfangs noch von der primitivsten Art und die Leistungen der Künstler oft kaum den bescheidensten Erwartungen entsprechend, so weckte und erhielt diese Dilettanten-Bühne doch den Sinn für die deutsche Dramatik und bereitete so den Weg für die späteren Verbesserungen des deutschen Bühnenwesens, das Rochester neben den Leistungen einiger tüchtigen Dilettanten, deren das deutsche Publikum noch mit Vorliebe gedenkt, eines R. Sauerteig, eines H. Geck, einer Emilie Warncke u. A., auch die bedeutender professioneller Schauspieler, eines von Osten, eines Hermann (v. Alvensleben), eines Scherer, Reitmann, Baureis, Fortner, einer Miller-Krause, Schaumberg, Becker-Grahn, Lovic-Fellmann u. A., vorführte. Im Jahre 1855 unternahm der Turnverein in seinem Lokale in der Minerva Halle Theater-Vorstellungen, und die Pflege der dramatischen Kunst bildete seitdem einen wesentlichen Bestandtheil der von ihm gepflegten Bestrebungen.

So tritt uns denn gegen Ende der fünfziger Jahre bereits das gesellige und geistige Leben unseres Rochesterer Deutschthums als ein verhältnißmäßig bedeutend entwickeltes entgegen. Deutsche Sprache, deutsche Sitten, Gewohnheiten und Gebräuche haben in der Mehlstadt am Genesee Boden gefaßt, und dieselbe dem deutschen Einwanderer zur lieben Heimath gemacht, in der mehr und mehr sein ganzes Wesen Wurzel schlägt, und die auf das Jahr 1860 folgende Periode liefert zahlreiche Beweise dafür, wie innig die deutsch-amerikanische Bevölkerung Rochester's die neue Heimath lieb gewonnen und wie bereitwillig sie sich zeigt, derselben die Schuld der Dankbarkeit abzutragen, selbst wenn es Leib und Leben in die Schanze zu schlagen gilt!

Die deutschen Vertreter im Stadtrathe zwischen den Jahren 1850-1860 sind folgende:

B. Schöffel 1853, 9. Ward. L. Bauer 1855, 9. Ward. J. Howe (Hau), 1. Ward, 1857. John Lutes, 9. Ward, 1857 und

1859. H. B. Knapp, 8. Ward, 1858. L. Bauer, 11. Ward, 1858. Gottlieb Götzmann, 6. Ward, 1860, und Christian Schäffer, 11. Ward, 1860.

Von deutschen Kirchen wurden in diesem Zeitraume blos eine gegründet, nämlich die „Erste Deutsche Baptistenkirche" im Jahre 1851. Logen dagegen entstanden drei, nämlich die „Humboldt Loge, J. O. O. F.", die im Jahre 1851 mit folgenden Mitgliedern inkorporirt wurde: L. Garson, J. Lewin, G. Seibert, John Böhm, L. Bauer, S. May, J. Beir, J. Nagel und G. August; die „Brudertreue-Loge", die sich im Jahre 1859 konstituirte, und die „Schillerloge vom Orden der Harugaris", welche fast zu derselben Zeit, wie die „Brudertreue" entstand. Die beiden ersteren Organisationen verfolgen Unterstützungszwecke, während die zum Orden der Harugaris (gegründet 1847) gehörigen Logen sich außerdem noch die Erhaltung der deutschen Sprache zur Aufgabe machen.

Außerdem entstanden noch zwischen 1850-1860 folgende katholische Unterstützungs-Gesellschaften, die sich materielle Sicherstellung und gegenseitige Hilfeleistung in Krankheits- und Sterbefällen unter kirchlicher Weihe zur Aufgabe machen: St. Josephs-Unterstützungsverein (1850), St. Petersverein (1852), St. Alphonsusverein (1853), St. Bonifaciusverein der St. Josephskirche (1858), St. Paulusverein (1855).

Im Jahre 1853 konstituirte sich auch ein gesellig-wissenschaftlicher deutscher Club, der unter dem Namen "German Literary Club" inkorporirt wurde und 30-40 Mitglieder zählte, darunter die bekanntesten deutschen Bürger der damaligen Zeit, wie H. Blauw, G. H. Haaß, Dr. Reichenbach, J. Rau, Dr. Küchling, Dr. Müller, Architekt Kaufmann u. A. Der Club hielt seine Versammlungen im McIntosh Block, löste sich jedoch nach wenigen Jahren wieder auf.

Zwei weitere, noch heute bestehende deutsche Organisationen, die sich in jener Periode organisirten, sind der Rochester Turnverein und der Männerchor.

Der Turnverein organisirte sich am 8. Juni, 1851 und bezog schon im August seinen auf einem gepachteten Grundstück errichteten Turnplatz. Ende des Jahres zählte er bereits 48 Mitglieder und kaufte im darauffolgenden März für die Summe von $450 einen eigenen Turnplatz in der Handstraße. Seine Versammlungen hielt er eine Zeit lang in der Minerva Halle, Ecke St. Paul- und Mainstraße ab, bis das Lokal im August 1859 abbrannte.

Nachdem er eine Zeit lang in einigen anderen Lokalen Unterkommen gefunden, errichtete er auf dem unter dem Namen „Volksgarten" bekannten Grundstücke, No. 175 N. Clintonstraße, den er um $4,200 ankaufte, wieder einen eigenen Turnplatz; das in der Handstraße gelegene Besitzthum war zuvor verkauft worden. Im Jahre 1860, am 22. Oktober, errichtete der Verein eine eigene Schule, in welcher deutscher und englischer Lese- und Schreibunterricht, Orthographie, Aufsatzübungen, Welt- und Naturgeschichte, Geographie, Zeichnen und Turnen die Unterrichtsgegenstände bildeten. Zu Schulräthen wurden die Turner A. Uebel und F. Schubert erwählt. Die Lehrer der Schule waren F. Dursey und Dr. Paul Großmann. Da jedoch im Laufe der Zeit die Führung der Schule den Turnern Schwierigkeiten machte, übernahm sie im Jahre 1867 ein zu diesem Zwecke gegründeter Verein, der sie in das unter dem Namen Realschule bis in die neuesten Zeiten bekannte deutsch-amerikanische Institut verwandelte und aus der ersten Baptistenkirche, wo sie bis dahin gehalten worden war, in ein eigenes Lokal in der Mortimerstraße verlegte, wo Dr. R. Dulon und seine Töchter, nebst einem englischen und später noch einem deutschen Lehrer dem Unterrichte vorstanden.

Im Jahre 1869 legte der Turnverein den Grundstein zu einer eigenen Halle auf seiner Baustelle in der N. Clintonstraße, wobei Dr. Dulon u. M. Löwenthal die Festreden hielten. Das Hintergebäude der Halle, die im Jahre 1870 eingeweiht wurde, brannte im Sommer 1872 ab, und der Verein gerieth durch die aus dem Wiederaufbau des Lokales erwachsenen Ausgaben in solche finanzielle Schwierigkeiten, daß er sein Grundstück im Jahre 1876 an die zu diesem Zwecke konstituirte „Germania Hall Association" abzutreten hatte, die es zwei Jahre unter dem Namen „Germania-Halle" weiterführte, worauf es schließlich an die Inhaberin der Hypothek, Frau Elisabeth Rau, zurückfiel. Der Turnverein pachtete die für seine Zwecke nothwendigen Räumlichkeiten in der Halle und errichtete darin 1882 unter einem geprüften Turn-Lehrer, Carl Heydtweiller, eine Turnschule, deren rasche Zunahme schließlich wieder zum Bau einer eigenen Halle führte. Dieselbe wurde im Jahre 1883 auf einem der Wardstraße gegenüberliegenden Grundstücke errichtet und am 17. Dezember 1883 eingeweiht. Sie bildet das Heim der Turnerei in Rochester, in welchem durch ein rationelles System körperlicher Uebungen eine harmonische Ausbildung aller Lebensorgane und die Heranbildung körperlich und geistig gesunder Menschen erstrebt werden soll. Den letzteren Theil seiner Aufgabe sucht der Turnverein durch Veranstaltung von Vorträgen, Debatten u.

dgl. zu erreichen, und durch diese ebensowohl, wie durch die von
ihm gepflegte leibliche Ausbildung hat er in der Entwicklung des
hiesigen Deutschthums bis jetzt eine keineswegs unbedeutende
Rolle gespielt.

Drei Jahre nach dem Turnverein, im Nov. 1854, entstand der
erste Gesangverein von einiger Bedeutung in Rochester (eine Liedertafel wird schon im Jahre 1851 erwähnt), der „Rochester Männerchor", dem, was Erweckung und Pflege des Sinnes für Musik und Gesang in Rochester anbelangt, jedenfalls die Palme ge-
bührt. Unter einer ansehnlichen Reihe tüchtiger Musiker, einem
E. Gundelsheimer, F. Meyering, F. Haak, O. V. Schulz, H.
Ganzel, L. Bauer, und vor allen Dingen während der letzten
Jahre unter der fähigen Direktion A. S a r t o r i ' s und H.
G r e i n e r ' s machte der strebsame Verein die köstlichsten Werke
der Tonkunst sich selbst und durch die von ihm veranstalteten
Conzerte, Oratorien und Opernaufführungen auch einem großen Theile der übrigen deutschen wie amerikanischen Bevölkerung zu eigen. Die im Jahre 1859 vom „Männerchor"
veranstaltete Schillerfeier, die Fahrten zum Buffalo'er Sänger-
fest (1860), zum Columbuser (1865), zum Chicagoer (1868),
zum Clevelander (1874), das 1869 von dem Vereine veranstaltete Gau-Sängerfest in Rochester und sein 1879 durch ein von
allen hiesigen und benachbarten Vereinen beschicktes, 25-jähriges
Jubiläum bilden Glanzpunkte in dem Leben dieser Sängerge-
sellschaft, deren Strahlen auf ihre Mitglieder sowohl, wie auf
die übrige Bevölkerung Rochester's reflektiren, und wie hoch der
Verein in der amerikanischen Sängerwelt steht, beweist der Umstand, daß er von dem Musik-Wettkampf in Columbus mit dem
zweiten Preise gekrönt wieder nach Hause zurückkehrte. Wie
daher die Gründung des Männerchor einen der Meilenzeiger in
der Geschichte unseres hiesigen Deutschthums bildete, so ist der
Verein auch heute noch einer der Pfeiler seiner geistigen und gesellschaftlichen Entwicklung.

Einen der wichtigsten Faktoren bei den Fortschritten der fünfziger Jahre bildete die deutsche Presse, die bereits 1851 ihren
Einzug in Rochester hielt. Um diese Zeit nämlich wurde von
G. H. Haas und H. Blauw der „Beobachter am Genesee" gegründet, der 1855 in den Besitz A. Nolte's überging und
von diesem im darauffolgenden Jahre unter dem Namen „Rochester Beobachter" redigirt und herausgegeben wurde. Lange
Jahre hindurch war der „Beobachter", der unter A. Nolte in
kurzer Zeit in täglicher und als „Rochester Wochenblatt" auch
in wöchentlicher Ausgabe erschien, eines der bedeutendsten deut-

schen Organe der republikanischen Partei im Westen New York's und einer der unerschrockensten Träger liberaler Ideen. 1883 wurde die Zeitung mit der im Mai des vorhergehenden Jahres gegründeten „Rochester Abendpost" konsolidirt und erscheint seitdem unter dem Titel „Rochester Abendpost und Beobachter" mit dieser gemeinsam.

Außer dem „Beobachter am Genesee" erschien im Jahre 1853 auch der „Anzeiger des Nordens" unter Redaktion eines Doktor Kurz als Wochenschrift, die später von Kramer & Felix und bald nach diesen von Louis W. Brandt übernommen wurde, welcher sie unter dem Titel „Rochester Volksblatt" zur demokratischen Tageszeitung machte, und in späteren Jahren eine Wochenausgabe und unter dem Namen „Rochester Sonntags-Journal" auch ein Sonntagsblatt dazu gründete. L. W. Brandt starb 1881 und zwei Jahre später verkaufte seine Wittwe sämmtliche 3 Zeitungen an Dr. F. Mack, der sie gegenwärtig noch redigirt und herausgibt.

IV. Die deutsche Bevölkerung
von 1860 bis 1870.

Wir sind in unseren bisherigen Schilderungen bis zu einem Zeitpunkte gelangt, in welchem deutsches Wesen in Rochester für immer festen Fuß gefaßt hat und der neugewonnenen Heimath sein Gepräge aufzudrücken beginnt. Je vielseitiger es sich aber entfaltete, je mehr der deutsche Einwanderer seine altvaterländischen Einrichtungen, Sitten und Gebräuche, mit den freiheitlichen Institutionen einer Republik in Einklang gesetzt, in die neue Heimath verpflanzte, um so zahlreicher und inniger wurden auch die Beziehungen, die ihn an dieselbe knüpften, um so tiefer schlug auch der Patriotismus in ihm Wurzel, der in den Kämpfen des 1861 ausgebrochenen Bürgerkrieges die Feuerprobe glänzend bestehen sollte. Auch der deutschen Bevölkerung Rochesters bot dieser entscheidende Wendepunkt eine Gelegenheit, dem Adoptivvaterlande die Schuld ihres Dankes abzutragen, und auf den zahlreichen Schlachtfeldern, wo das Blut ihrer Kämpfer geflossen, hat auch sie die Blut- und Feuertaufe eines freiheitsinnigen und opferwilligen Bürgerthums erhalten.

Die Agitation der Abolitionisten hatte lange schon vor dem Ausbruch des Bürgerkrieges in Deutschland den lebhaftesten Widerhall gefunden, und Kanzel, Schule und Presse, vor allen Dingen aber Harriet Beecher-Stowe's in's Deutsche übertragener Roman, „Onkel Tom's Hütte", hatten der Jugend einen tiefen Abscheu gegen das barbarische Institut der Sklaverei eingepflanzt. Als es daher zu dem großen Entscheidungskampfe zwischen der Union und den südlichen Sklavenbaronen kam, da stand auch der eingewanderte Deutsche fast ohne Ausnahme auf Seiten der ersteren, welcher seine im alten Vaterlande erworbene Kriegsgeübtheit und seine Ausdauer in der Ertragung von Strapazen dabei nicht wenig zu Statten kam.

Auch unter der deutschen Bevölkerung Rochesters schlug auf Präsident Lincoln's am 15. April 1861 erlassene Proclamation der Enthusiasmus für die Sache der Union, in hellen Flammen empor, und in dem schon am 14. Mai desselben Jahres kriegsbereiten 13 Regimente zogen etwa 200 Deutsche nach dem Kriegsschauplatze ab, darunter eine ganz deutsche Kompagnie Staatsmiliz, welche schon zuvor als die erste in Monroe County von Kapitän Adolph Nolte gegründet und einexerziert worden war.

Auch in den 1862 ausgehobenen Regimentern, dem 108. und dem 110. New Yorker Freiwilligen-Regiment befanden sich neben den zahlreichen, in den übrigen Abtheilungen zerstreuten deutschen Soldaten aus deutschen Bürgern Rochesters bestehende Kompagnien. In Brickell's Artillerie, in Mack's Batterie, und im 8. und 22. Kavallerie-Regiment waren die Deutschen Rochester's verhältnißmäßig nicht weniger stark vertreten, und so mancher von ihnen hat seine Treue gegen das Adoptivvaterland mit seinem Blute besiegelt. Alle diese Militärorganisationen haben bei zahlreichen Gelegenheiten stark im Feuer gestanden, und von den Siegekränzen, die sie errangen, fällt ein nicht unbeträchtlicher Antheil auf unsere unter ihnen vertretenen Landsleute.

Die deutschen Kompagnien in den verschiedenen Regimentern waren folgende:

13. Regiment, ausgehoben am 14. Mai 1861, Kompagnie C. Kapitän: A. Nolte; 1. Lieutenant: John Weiland; 2. Lieutenant: Henry Geck. Die Kompagnie zählte beim Ausmarsch 64 Gemeine. Die ganze Zahl der im Regimente vertretenen Deutschen wird auf 200 veranschlagt. Von diesen blieben 13 auf den Schlachtfeldern und 10 starben infolge von Verwund-

ungen in Hospitälern. Verwundet wurden außerdem 29 und in Gefangenschaft geriethen 13.

108. Regiment, ausgehoben im Juli 1862, Kompagnie I. Kapitän: Wilh. Gräbe; 1. Lieutenant: John Fellmann; 2. Lieutenant: Chs. Amiet (gefallen bei Gettysburg, 3. Juli 1863). Das Regiment zählte 162 Deutsche, wovon 20 fielen.

140. Regiment, ausgehoben im September 1862. Lieutenant-Colonel: Louis Ernst von Rochester. Kompagnie B. Kapitän: Chr. Spies; 1. Lieutenant: Aug. Meier; 2. Lieutenant: H. Klein (gest. im Hospital an seinen Wunden). Anzahl der deutschen Soldaten 190, wovon 23 fielen.

151. Regiment, ausgehoben im August 1862. Kompagnie E. Kapitän: Peter Imo (gefallen in der Schlacht bei Wilderneß). 64 Deutsche; gefallen 14.

Brickell's Artillerie zählte 70 deutsche Soldaten aus Rochester; Mack's Batterie 10; das 8. Kavallerie-Regiment 52; das 22ste 97.

Im Rebellionskriege hatte das Deutsch-Amerikanerthum seine Kraft kennen gelernt. Deutsche Regimenter hatten auf den Schlachtfeldern mitgekämpft, deutsche Heerführer hatten bestimmend mitgewirkt in dem blutigen Schachspiel, und deutsches Blut düngte den Boden, aus welchem eine neue Saat der Freiheit und des Fortschrittes emporblühen sollte. Der Jubel über den Sieg der gerechten Sache rief auch das Selbstgefühl des Deutsch-Amerikaners wach. Er stellte sich jetzt seinem Mitbürger angelsächsischer Abkunft als ebenbürtig an die Seite und begann gegen die Vorzüge und Errungenschaften, die ihm derselbe bei dem in unserer Republik vor sich gehenden Völkerverschmelzungsprozesse zubringt, auch sein eigenes, aus dem alten Vaterlande mitgebrachtes geistiges Erbtheil in die Wagschale zu werfen, und in der richtigen Erkenntniß, daß dieser Verschmelzungsprozeß naturgemäß in den heranwachsenden Generationen vor sich gehen müsse, begannen jetzt die vorgeschritteneren Elemente unter der deutschen Einwanderung auf das Werk der Jugend-Erziehung ihr Augenmerk zu richten, und an der allgemeinen patriotischen Begeisterung den Eifer für dieselbe unter ihren hiesigen Landsleuten zu entflammen, um durch Pflege und Erhaltung der deutschen Nationaltugenden diese in die im Entstehen begriffene amerikanische Nation überzuführen.

Diesem Bestreben entsprangen nach den Kriegsjahren zahlreiche deutsch-amerikanische Schulen, in welchen deutsches und amerikanisches Erziehungswesen sich gegenseitig ergänzen und vervollkommnen, und der Republik ein mit den Vorzügen der angelsächsischen wie der teutonischen Race ausgestattetes Bürgerthum zuführen sollten.

Soll aber das deutsche Element im Stande sein, den ihm zufallenden Theil dieser Aufgabe zu erfüllen, so ist die Forterhaltung seiner Sprache, der Vermittlerin des geistigen Verkehrs, unter seinem Nachwuchs ein unerläßliches Erforderniß, und die Agitation für dieselbe bildet daher noch heutzutage eine der Hauptströmungen im Entwicklungsgange der deutsch-amerikanischen Bevölkerung.

Auch in Rochester äußerte diese Agitation nach den Kriegs-Jahren ihre belebende Wirkung. Hatten vordem die mit den deutschen Kirchen verbundenen Pfarrschulen bei ihrem deutschen Unterrichte ihre Aufgabe für erschöpft gehalten, wenn sie durch denselben das Verständniß der in deutscher Sprache ertheilten Religions- und Sittenlehre ermöglichten, so erweiterte sich jetzt vielfach ihr Horizont, indem sie durch Hinzuziehung der in den Schulen des alten Vaterlandes gepflegten Kunstfertigkeiten, durch Erweckung des Sinnes für deutsche Kunst, Literatur und Wissenschaft die heranwachsende Generation auch über die Schuljahre hinaus an die Quellen deutscher Bildung zu fesseln suchten. Die aus konfessionellen oder Gemeindeunterschieden hervorgehende Zersplitterung des Schulwesens machte indessen in sehr vielen Fällen dieses Bestreben zu einem illusorischen und so wurde bereits im Jahre 1866 der Grundstein zu einer konfessionslosen Schule gelegt, welche die religiöse Unterweisung ihrer Zöglinge ihren respectiven Kirchengemeinden überlassend, unter einem den deutschen Realschulen nachgebildeten Unterrichtsplane allen Klassen der Bevölkerung zur Erlangung einer tüchtigen, englischen wie deutschen Ausbildung Gelegenheit geben sollte.

Intoleranz auf der einen und falsche Auffassung der mit der

Schule zu verfolgenden Tendenz; auf der anderen Seite stemmten sich jedoch der Rochester Realschule schon frühzeitig hindernd entgegen, und beschränkten ihre Wirksamkeit blos auf einen verhältnißmäßig kleinen Kreis, und des fortwährenden Kampfes um ihre Forterhaltung müde, hat sich während ihres siebzehnjährigen Bestehens von ihren Leitern und Beschützern einer um den andern von ihr zurückgezogen, bis sie im Jahre 1883 vollständig einschlief. Gleichwohl muß ihr das Verdienst zuerkannt werden, daß sie der Anschauungsmethode im Schulunterrichte in unserer Stadt Bahn brechen, daß sie den Beweis für die Möglichkeit und Zeckmäßigkeit des Zwei-Sprachensystems herstellen und auf die Ersprießlichkeit des Handfertigkeits-Unterrichtes aufmerksam machen half, daß sie den ersten Kindergarten in Rochester und einen der ersten in den Ver. Staaten einführte und diesem unendlich wichtigen Faktor im Erziehungswesen den Weg in das öffentliche Schulsystem etwas ebnete. Außerdem aber hat sie durch Heranbildung einer beträchtlichen Anzahl tüchtiger und patriotischer Deutsch-Amerikaner ihren Gönnern und Beschützern die Dankesschuld für ihre Mühewaltung reichlich abgetragen.

War daher ihr Dasein auch blos ein kurzes, so war es doch kein verfehltes, und sollte vielleicht dereinst eine neue patriotische Sturmfluth ein ähnliches deutsch-amerikanisches Erziehungs-Institut in Rochester in's Leben rufen, so werden selbst die in der Realschule gemachten unangenehmen Erfahrungen nicht ohne Nutzen sein!

Die Rochester Realschule ging ursprünglich aus der bereits erwähnten Schule des Turnvereins hervor, von dem sie im Jahre 1866 durch einen aus einer beträchtlichen Anzahl von deutschen Bürgern bestehenden Verein übernommen wurde. Zum Direktor der Schule wurde Dr. Rudolph Dulon ernannt, dem nach seinem 1870 erfolgten Tode Herman Pfäfflin nachfolgte. 1872 löste sich der Realschulverein auf und übergab die Anstalt dem damaligen Direkter, H. Pfäfflin, zur Führung auf eigene Rechnung; allein bereits im folgenden Jahre trat ein neuer Verein zusammen, um ihm in der Erhaltung der Schule behilflich zu sein. Das alte in der Mortimerstraße stehende Schulgebäude war inzwischen durch die Vermittelung Herrn J. Meinhard's durch ein größeres Backsteinhaus ersetzt worden, das eine beträchtliche Erweiterung des Schulplanes gestattete. Die Anstalt bestand aus fünf gemischten Klassen und einem Kindergarten. Die Zöglinge erhielten neben den sonst in den öffentlichen Schulen eingeführten Fächern auch Unterricht im Zeichnen, im Gesang, in den Anfangsgründen der Mathematik, in der Welt- und Naturgeschichte, Physik, im deutschen und englischen Aufsatz, und die weiblichen Zöglinge auch in Handarbeiten. Bis zum Jahre 1882 stand die Realschule unter Leitung H. Pfäfflin's, worauf sie nach dem Ausscheiden desselben seine Gattin, Johanna Pfäfflin, noch ein Jahr lang fortführte. 1883 löste sich der Realschulverein auf und die Schule ging ein.

An deutschen Kirchen entstanden zwischen 1860–1870 drei, nämlich die Bonifaciuskirche (1861), die h. Familienkirche (1864) und die h. Erlöserskirche (1867). Mit allen diesen Kirchen, wie auch mit den meisten der früher genannten, sind Parochialschulen verbunden, von welchen sich mehrere in blühendstem Zustande befinden.

Die in demselben Zeitraume gegründeten Unterstützungsvereine sind der Verein der Pythiasritter (1863), der St. Bonifacius-Verein (1861), der St. Josephs-Verein (1864), der St. Franciscus-Verein (1868).

Die deutschen Veteranen aus dem Rebellions-Kriege vereinigten sich zum Theile im Jahre 1869 zu einer unter dem Namen „Peißner Posten" bekannten „Grand-Army"-Organisation die noch heute im blühendsten Zustande existirt.

Außerdem wurde am 6. August des Jahres 1856 der Gesangverein „Arion" gegründet, der erst den Namen „Arion Club" führte. Die Gründer desselben waren G. Bätzel, F. W. Caring, Jos. Groh, Geo. Caring, Phil. Kolb, John Heberger und John Sellinger. Unter seinen Dirigenten O. L. Schulz und A. Sartori insbesondere erlangte der Verein einen bedeutenden Grad von musikalischer Ausbildung und bildet noch heute einen der bedeutendsten gesellschaftlichen Mittelpunkte des Deutsch-Amerikanerthums von Rochester.

Im Stadtrath war das Deutschthum Rochesters während des Zeitraums von 1860–1870 ziemlich stark vertreten. Die deutschen Aldermen waren folgende:

John Hoffmann, 6. Ward, 1862. L. Ernst, 10. Ward, 1862. H. Hebing, 12. Ward, 1862. J. Schutte, 6. Ward, 1864. W. Wagner, 10. Ward, 1864. G. A. Sibler, 11. Ward, 1862. L.

Sellinger, 13. Ward, 1864. M. Heberger, 5. Ward, 1865. J. Beir, 6. Ward, 1864. W. Guggenheim, 5. Ward, 1866. H. Mutschler, 11. Ward, 1866. B. Horcheler, 12. Ward, 1866. J. Mander, 12. Ward, 1867. A. Bingemer, 2. Ward, 1867. H. Miller, 13. Ward, 1868. P. J. Meyer, 7. Ward, 1869. J. Gerling, 11. Ward, 1769. J. Nagle, 13 Ward, 1869. G. Herzberger, 4. Ward, 1870.

V. Die deutsche Bevölkerung
von 1870 bis 1883.

Unter allen den vielfachen Bestrebungen zum inneren Ausbau ihrer neuen Heimath glühte die Liebe zum alten Vaterlande in der deutschen Bevölkerung noch immer fort und wurde durch den lebendigen Strom der Einwanderung, der nach 1866 besonders eine vorher nie geahnte Ausdehnung angenommen hatte, beständig wach erhalten. Mit gespanntestem Interesse wurden daher von den Deutsch-Amerikanern die zwischen den Jahren 1866-1871 vor sich gehenden Umwälzungen in der Geschichte des Mutterlandes verfolgt, und der Jubel über die Verdrängung der deutschen Kleinstaaterei, über die Demüthigung des Erbfeindes und die Erhebung Deutschland's in die ihm gebührende Rangstufe unter den europäischen Mächten, fand im Deutschthum Amerika's den lebhaftesten Widerhall. Kaum waren die ersten Schlachten im deutsch-französischen Feldzuge geschlagen, kaum war das erste Blutopfer deutscher Vaterlandsliebe dargebracht, als sich auch bereits das Deutsch-Amerikanerthum der Union in dem Bestreben zu vereinigen begann, durch freiwillige Beisteuern das Loos der im Kampfe Verwundeten, oder der durch den Krieg ihrer Beschützer und Ernährer beraubten Wittwen und Waisen im alten Vaterlande zu lindern.

Auch die Deutschen Rochesters nahmen Antheil an diesem humanen Bestreben, und kaum eine deutsche Organisation, kaum eine deutsche Familie aus der damaligen Zeitperiode dürfte es hier geben, die nicht ihr Schärflein dazu beigetragen.

Und als endlich die Kriegsfurie sich ausgetobt, als die freudige Botschaft vom Abschlusse des Friedens zu uns über das Meer kam, da gab auch dieses Ereigniß in Rochester Veranlassung zu einer Festfeier, die dem geistigen Bande zwischen dem alten und neuen Vaterlande erneute Stärke verlieh, obschon sie wegen der verschiedenartigen Auffassung ihres Charakters und ihrer Tendenz nicht allgemeinen Beifall fand.

Der Sieg der deutschen Waffen, der Glanz der durch sie erzielten Errungenschaften warf in der Erhöhung des Selbstbewußtseins unter der deutsch-amerikanischen Bevölkerung und der Achtung und Beachtung, welche das eingeborene Element jetzt deutschem Wesen und deutscher Bildung schenkte, seine Reflexe auch zu uns über das Meer herüber. Als daher in den größeren Städten die Agitation zur Einführung der deutschen Sprache als Lehrgegenstand der öffentlichen Schulen in's Leben gerufen wurde, war der Einfluß der beschränkten nativistischen Elemente nicht mehr stark genug, um vor dem Enthusiasmus für das Deutschthum Stand halten zu können, und siegreich hielt Jungfrau Germania ihren Einzug in die Bildungsstätten unseres neuen Vaterlandes.

Auch in Rochester wurde dem neuen Unterrichtsfache im Jahre 1872, wenn auch nicht ohne Schwierigkeit, Eingang in die städtischen Unterrichtsanstalten erkämpft, und drei städtische Special-Lehrer wurden mit der Unterweisung in demselben beauftragt. Allein Mangel an geeigneter Controlle über den deutschen Unterricht, der Widerwille gegen denselben auf Seiten mancher Schulvorsteher, Sonderinteressen unter einem Theile der Deutschen, Gleichgiltigkeit bei dem andern gestatteten der deutschen Sprache nur einen kurzen Aufenthalt in unseren hiesigen Unterrichtsanstalten. Den Protesten deutscher Massenversammlungen zum Trotz und leider unter wesentlicher Mitwirkung eines vom Deutschthum abgefallenen Renegaten wurde bereits im Jahre 1877 der deutsche Unterricht wieder abgeschafft, ohne daß die damalige Schulbehörde sich die Mühe genommen hätte, dieses Vorgehen anders, als durch die seichtesten Vorwände zu motiviren. Die Schlappe, welche damit den Deutschen Rochesters

verſetzt wurde, mag zwar für dieſelben demüthigend ſein, ge=
reicht aber auch dem damaligen Schulrathe nichts weniger als
zur Ehre. Tief beſchämend für die zahlreiche deutſche Bevölke=
rung Rocheſters iſt jedoch die Thatſache, daß ſeitdem kein Ver=
ſuch gemacht wurde, die Scharte wieder auszuwetzen.

———

Und wieder verkündete feierliches Glockengeläute in unſerer
friedlichen Blumenſtadt den Anbruch eines Feſttages. Die
Stadt prangte in ihrem ſchönſten Flaggen= und Blumenſchmuck.
Böller und Kanonen krachten und die Straßen hallten wieder
von den jubelnden Klängen der amerikaniſchen Nationalhymne.
Am frühen Morgen ſchon wogte eine feſtlich geſchmückte Menge
auf den Straßen und in den letzten Stunden des Vormittags
hatte ſich ein impoſanter Zug formirt, der alle offiziellen und
Privatkorporationen, und, in entſprechenden Gruppen darge=
ſtellt, alle Gewerbe und Berufsarten unſerer Stadt repräſenti=
rend, ſich unter den rauſchenden Klängen der Feſtmuſik durch die
Hauptſtraßen der Stadt bewegte. Es galt die Centen=
nial=Feier der amerikaniſchen Unabhängig=
keits=Erklärung, und die hohe Bedeutung dieſes Na=
tionalfeſtes, die dankbare Erinnerung an das für die Entwick=
lung des nordamerikaniſchen Continentes ſo ſegensreiche Ereig=
niß hatten ihre zündende Wirkung in allen Claſſen der Bevölke=
rung geltend gemacht. Auch die deutſchen Adoptivbürger der
Stadt hatten ihre Vorbereitungen getroffen, um ihrem Patrio=
tismus und ihrer Dankbarkeit gegen ihr neues Vaterland in
ſinniger Weiſe Ausdruck zu geben. Als der allgemeine Feſtzug
ſich auflöſte, zogen die deutſchen Organiſationen zu einer neuen
Marſchkolonne formirt, nach dem Franklin Square, wo die Ge=
ſangvereine raſch ein Viereck formirten, um durch Vortrag eines
Feſtchores einen feierlichen Akt einzuleiten, durch welchen auch
im alten Vaterlande das Andenken an eine feſtliche Stunde feſt=
gehalten und der Nachwelt überliefert zu werden pflegt, die
Pflanzung einer deutſchen Eiche. Der deutſche
Baum auf amerikaniſchem Boden ſollte, wie der Feſtredner, H.

Pfäfflin, bei der Pflanzung desselben bemerkte, den Nachkommen
ein sprechender Zeuge von dem sein, was wir am Ehrentage un=
serer Republik gewünscht und gedacht, und in den Herzen der
heranwachsenden Generation die Gesinnungen erwecken und
nähren helfen, welche die Theilnehmer an dieser Feier beseelten.
„Stark und kräftig, wie die Eiche," schloß der Redner, „möge
die Union allen Stürmen trotzen! Fest und unauflöslich, wie
dieser Baum seine Wurzeln in das Erdreich schlägt, wurzle sie
stets in dem Boden der Wahrheit und des Rechtes! Zäh und
markig, wie das Holz der Eiche, widerstehe sie dem zerfressenden
Wurme innerer Zwietracht, mächtig und umfassend, wie diese
Baumart, breite sie ihre Aeste ungehindert nach allen Seiten
aus und überschatte immer nur freie und glückliche Bürger!
Lebenskräftig, wie die Eiche, stehe sie ungebeugt in Sturm und
Wettern und überdaure, wie sie, Generationen, Jahrhunderte,
Jahrtausende!!!"

Hatten auch einige Zweifler bei der Pflanzung dieses deut=
schen Baumes Bedenken gehegt, ob er auf amerikanischem Bo=
den gedeihen werde, so hat der Erfolg alle Erwartungen über=
troffen! Die Eiche hat in dem ihr angewiesenen Platze kräftig
Wurzel geschlagen; keine rohe Hand hat sich bis jetzt an dieses
schlichte, anspruchslose Denkmal gewagt, und sorgsam bewacht
und beschützt von dem dankbaren Andenken der deutschen Bewoh=
ner an die Festlichkeit, die sie symbolisirte, ist sie in langsamem
aber stetigem Wachsthum begriffen. Und ob sie vielleicht auch
auf ihrem veränderten Boden einige andere Eigenschaften anneh=
men mag, ihre Stammesvorzüge, unbeugsame Festigkeit, Brauch=
barkeit und zähe Ausdauer, hat sie sich auch hier erhalten, und
noch immer flüstert es aus ihren Zweigen von deutschem Recht,
das einst im alten Vaterlande unter dem schattigen Laubdach
ihrer Stammesgenossen gehegt wurde, und von dem Liede des
Barden, der einst unter ihm die Tugenden der Vorfahren ver=
herrlichte!

Glänzend hat noch einmal die Geistes= und Blutsverwandt=
schaft, welche das alte deutsche Vaterland mit seinen über das
Meer gewanderten Söhnen verbindet, im Jahre 1882 ihre

Kraft bewährt! Als die stark angeschwollenen Ströme damals ihr verheerendes Werk begannen und Schrecken und Zerstörung über Deutschland's blühendste Gaue verhängten; als das Gespenst des Hungers und des Elendes drohend über den Thälern des Rhein's und seiner Nebenflüsse lagerte, da gehörte das Deutschthum unserer Blumenstadt zu den ersten, welche den schwer heimgesuchten Stammesgenossen die Bruderhand über das Meer hinüber reichten, um Noth und Elend lindern und die unheilvollen Folgen der verheerenden Naturereignisse verwischen zu helfen, und von den Dankes-Lorbeeren, die ein ganzes Volk hierfür unserem Adoptivvaterlande gewunden, fällt so manches Blatt auf Rochester, dessen deutsche Bürger sich bei dem Werke der Barmherzigkeit in edlem Wetteifer gegenseitig zu überbieten strebten.

Fester und Fester schlang sich bei allen diesen gemeinsamen Bestrebungen allmählich das Band, das die deutsche Bevölkerung Rochesters zusammenschließt, und als endlich die Form einer dauernden Vereinigung aller ihrer verschiedenen Klassen und Schichten zur Erreichung gemeinnütziger patriotischer Ziele gefunden war, da bedurfte es blos eines Appells an die Stammesgenossenschaft, um an Stelle jener vorübergehenden Vereinigungen eine permanente Verbindung zur gegenseitigen Hebung und Förderung herzustellen, die nach kurzem Bestehen bereits eine kaum von einer anderen Organisation Rochesters erreichte Stärke besitzt, und alle Kreise unserer deutschen Bewohner in sich repräsentirt.

Ein neuer Mahnruf an die deutsch-amerikanische Bevölkerung erscholl im Sommer 1883 in allen Theilen des Landes. 200 Jahre waren am 6. Oktober des genannten Jahres seit der ersten deutschen Niederlassung in den heutigen Ver. Staaten verflossen, und die Feier dieses Ereignisses sollte dazu benützt werden, dasselbe dem Gedächtnisse des Deutsch-Amerikaners einzuprägen, ihm seine historische Vergangenheit vorzuführen und dadurch sein Selbstgefühl und seinen Patriotismus zu stärken. Der Appell fand in Rochester begeisterten Widerhall, und wenige vorbereitende Versammlungen reichten hin, um fast alle männlichen Deutschen der Stadt am 8. Oktober zu einer Feier zu vereinigen, wie sie die gewerbfleißige Metropole des Geneseelandes von gleicher Ausdehnung und Imposanz noch selten erlebt haben dürfte. Sämmtliche deutschen Vereine der Stadt, fast ohne Ausnahme, alle hervorragenderen, von Deutschen betriebenen Industriezweige, waren bei derselben vertreten, und eine Festprozession, die auf 5000 Köpfe geschätzt wurde, reichlich geschmückt mit den Emblemen deutscher Kunst und Wissenschaft und deutschen Gewerbfleißes, zog unter Führung der Festmarschälle, Col. Louis Ernst, Kapitän H. Geck, F. Zimmer, J. Klingler, Louis Spohr, Fred. Will, J. Rosenthal, Chas. Weiß und Chas. Post durch die Hauptstraßen der Stadt nach dem Franklin Square, wo die für den Tag gewonnenen Festredner, Mayor C. R. Parsons, Major J. Spahn, Dr. E. Matt und H. Pfäfflin nach einem von sämmtlichen Gesangvereinen der Stadt vorgetragenen Festchor der zahlreichen Versammlung die Bedeutung des Festes darlegten.

Mit den Festklängen dieser Pionierfeier war indessen der Enthusiasmus, der sie hervorgerufen, keineswegs verflogen. Schon in einer der letzten Versammlungen zum Arrangement des Festes war beschlossen worden, dasselbe zur Gründung einer der deutschen Gesellschaft in New York nachgebildeten Organisation zu benützen, und kaum waren die letzten nachträglichen Geschäfte der abgehaltenen Feier erledigt, als bereits eine bedeutende Anzahl von Privatpersonen und Vereinen, ihren Beitritt zu einer permanenten Organisation erklärte, die am 8. Nov. 1883 unter dem Namen „Deutsch=Amerikanische Gesellschaft von Rochester" in's Leben trat. Der Zweck der Gesellschaft ist „Förderung und Hebung der deutschen Einwanderung durch Vermittlung von Arbeit, Rechtsschutz, Unterstützung Armer und Kranker, durch Gründung von Schulen und sonstige Einrichtungen, die zur Heranbildung eines intelligenten und brauchbaren deutsch=amerikanischen Bürgerthums dienlich sind." Ein von der Gesellschaft angestellter Agent ist bei der Ankunft von Emigrantenzügen auf den Bahnhöfen anwesend, um deutsche Einwanderer vor Betrug und Uebervortheilung zu sichern, für Unterbringung Kranker und Hilfloser zu sorgen, und Arbeitsuchenden zur Erlangung von Beschäftigung behilflich zu sein. Der Arbeitsausschuß der Gesellschaft besorgt das Geschäft der Stellenvermittlung, während das Armen-Unterstützungskommittee Unbemittelte und Kranke unterzubringen hat. Der Rechtsausschuß beschützt der Landessprache unkundige deutsche Eingewanderte gegen etwaige Nachtheile, die ihnen aus ihrem Unvermögen sich verständlich zu machen, erwachsen mögen, und ist verpflichtet in Rechtsfällen, wo die Nothwendigkeit vorliegt, für Zuziehung von Dolmetschern Sorge zu tragen. Ein Schulausschuß endlich sorgt für die Errichtung und den Unterhalt von Abendklassen, in welchen neu eingewanderten Deutschen Unterricht in der englischen Sprache, in der Geschichte der Ver. Staaten, und den politischen Einrichtungen der Republik ertheilt werden soll, um sie zur intelligenten Ausübung ihres Bürgerrechtes zu befähigen.

Die segensreiche Wirksamkeit, welche eine Gesellschaft der Art auszuüben im Stande ist, hat bereits durch den ersten Winter ihres Bestehens ihre Bestätigung gefunden. In zahlreichen Fällen wurden einzeln stehende Personen sowohl, wie ganze Einwanderer-Familien vor Noth und Elend beschützt, Hunderten Arbeitsloser wurden Beschäftigung vermittelt, oder falls sie an anderen Orten bessere Aussichten zum Fortkommen zu haben glaubten, die Mittel zur Weiterreise vorgestreckt. In den Abendschulen der Gesellschaft, welchen von den städtischen Behörden durch Ueberlassung der nothwendigen Lokalitäten in anerkennenswerther Weise Vorschub geleistet wurde, wurden mehr als 200 Eingewanderte von den verschiedensten Altersklassen mit Kenntnissen in der englischen Sprache ausgestattet, die ihnen ihr Fortkommen sicher nicht wenig erleichtern, und obschon die kurze Zeit ihres Bestehens der Gesellschaft noch keineswegs genügende Gelegenheit zur vollen Entfaltung ihrer Thätigkeit bot, so hat doch selbst dieser kurze Zeitraum hinlänglich bestätigt, daß ihre patriotischen und humanen Ziele des energischen Zusammenwirkens unserer ganzen deutschen Bevölkerung ohne Rücksicht auf Confession, Beruf oder Lebensstellung recht wohl werth sind.

Die zur deutsch-amerikanischen Gesellschaft gehörigen Vereine sind folgende: Rochester Liedertafel, Schwabenverein, Turnverein, Saxonia Loge D. O. H., Branch 34, C. M. B. A., Schiller Loge D. O. H., Rochester Männerchor, St. Petersverein, Rochester Liederkranz, Rochester Loge 112, A. O. U. W., Körner Loge, J. O. O. F., Schweizer Verein Rochester, St. Mauritius Verein G. C. U., Schiller Loge E. O. M. A., Helvetia Männerchor, Rochester Schwabenverein.

Die ersten Beamten waren folgende: Präsident: F. Fritzsche; 1. Vizepräs.: L. Ernst; 2. Vizepräs.: C. Strouß; 3. Vizepräs.: A. May. Protokoll. Sekretär: H. Pfässlin; korresp. Sekretär: C. Ebel; Finanz-Sekretär: L. Dümpelmann. Schatzmeister J. Böhm (gestorben im Winter 1884 und durch Frank Ritter ersetzt). Verwaltungsräthe: J. D. A. Mensing, Dr. H. Koch, W. Beir, W. Marks, H. Bartholomay, J. W. Niederprüm, F. Zimmer, S. Mannheimer, Dr. C. Makk, F. Heidt und Aug. Pappert. Agent: Konrad Kühles.

Zu der im Obigen, in groben Zügen angedeuteten Entwicklung der deutschen Bevölkerung Rochesters in dem zuletzt beschriebenen Zeitraume standen auch ihre Fortschritte auf socialem, industriellem und politischem Gebiete im Verhältniß. Kirchen und Vereine blühten in großer Anzahl empor und der Geschäftsgeist des deutsch-amerikanischen Bürgerthums prägte sich in mehreren industriellen wie finanziellen Schöpfungen von beträchtlicher Tragweite aus. Die zwischen 1870 und 1883 gegründeten Kirchen sind folgende:

Die römisch-katholische St. Michaelskirche, gegründet 1873, von ihrem jetzigen Pastor, Rev. Fridolin Pascalar (mit einer gegenwärtigen Seelenzahl von 2710; Zahl der Kinder in der zur Kirche gehörigen Schule, 450). Deutsche Baptistenkirche in der Andrewsstraße, erbaut 1870. Salemskirche, gegründet 1873 von Pastor C. Siebenpfeiffer. Evangelisch-lutherische St. Johanniskirche, gegründet 1872. Evangelische Concordiakirche (1877).

Logen: Körner Loge J. O. O. F., (1871). Germania Loge F. A. M., 722 (1872). Walliroth Loge D. O. H., 313 (1873). Rochester Loge 112, A. O. U. W. (1877). Genesee Loge, C. O. M. A. (1879). Schiller Loge C. O. M. A. (1879). Idealloge D. D. O. H. (1883).

Unterstützungs-Gesellschaften: Deutsche gegenseitige Hilfsgesellschaft, (1874). St. Piusverein der h. Familienkirche, (1881). St. Michaelsverein der St. M. Kirche (1874). St. Leosverein (1879). St. Jakobsverein (1877). Concordiaverein. Verein der Calvin-Ritter (1875).

Katholische, uniformirte Vereine entstanden zwischen 1870–1883 folgende:

St. Mauritius G. C. U., St. Georg's-Ritter, St. Leopold's Union, St. Michaels-Ritter, St. Eustachius-Ritter, St. Bonifacius-Union, St. Peter- und Pauls-Union und die St. Louis-Ritter.

Die freidenkerischen Elemente der deutschen Bewohnerschaft fanden sich während des zwischen 1870 und 1884 liegenden Zeitraumes in gesellschaftlichen Vereinigungen zusammen, die jedoch meist nur vorübergehenden Bestand hatten. Gegen das Jahr 1872 entstand ein Freidenkerverein, der in der Turnhalle und später im Realschulgebäude Sonntags-Vorträge und Debattir-Versammlungen hielt. Aus ihm ging nach seiner Auflösung eine freie Gemeinde hervor, die seit 1876 besteht, jedoch nur eine kleine Anzahl von Mitgliedern zählt. Auch eine gesellig-wissenschaftliche Vereinigung, die sich unter dem Namen „Deutsche Gesellschaft" bildete, hatte nur kurzen Bestand. In der Veranstaltung eines Vortrages von dem deutschen Dichter F. Bodenstedt hatte sie ihre Kraft erschöpft.

Der deutsche Fortschrittsverein, der in ihre Fußstapfen trat, existirte zwar etwas länger und entfaltete während der vier Jahre seines Bestehens zeitweise durch Veranstaltung von Vorträgen u. dgl. eine etwas lebhaftere Thätigkeit, allein auch er schlief schließlich im Winter 1884 ein; seine Bibliothek wurde unter die Mitglieder vertheilt, und die letzteren selbst schlossen sich zum Theile dem Turnverein an.

Gesangvereine wurden in der letztgeschilderten Periode drei gegründet, nämlich die „Rochester Liedertafel," der „Rochester Liederkranz" und der „Germania-Gesangverein".

Die Liedertafel organisirte sich am 9. August 1872 aus einer Gesangssektion des Rochester Turnvereins, die seit 1870 existirt hatte und von R. Reichelt dirigirt worden war. Zum Dirigenten der Liedertafel, die ihre Singstunden in der ehemaligen Marburger'schen Brauerei abhielt, wurde Otto L. Schulz ernannt, und unter ihm und seinen Nachfolgern A. Petersen, H. Ganzel und A. Sartori nahm der Verein rasch einen so bedeutenden Aufschwung, daß sich sein ursprüngliches Lokal zu klein erwies, weßhalb er nach der Germania-Halle übersiedelte. Im Jahre 1883 nahm die Liedertafel an dem in Buffalo abgehaltenen Musikfest Theil, bei dem ihre gesanglichen Leistungen großen Beifall ernteten. Durch zahlreiche Conzerte, Opern-Aufführungen und Oratorien hat der Verein im gesellschaftlichen Leben Rochesters eine bedeutende Rolle gespielt und gehört daher mit Recht zu den Lieblingen der deutschen Bevölkerung. Seine Gründer waren Th. Scheiderich, A. Aman, E. Beyhl, J. Gauger, B. Weier, Alb. Wagner, E. Wagner und Conrad Neuwirth.

Im Jahre 1873 wurde der Rochester Liederkranz gegründet, der sein Hauptquartier im Jeffersonhaus und später in Wagner's Halle hatte. Unter seinen fähigen Dirigenten Meßmer, Ganzel, Greiner und Sartori erreichte auch dieser Verein eine hohe Stufe im musikalischen Leben Rochesters und bildet einen der bedeutendsten gesellschaftlichen Mittelpunkte namentlich auf der Westseite der Stadt.

Ein weiterer Verein, der in der letztgeschilderten Periode entstand, ist der im September 1875 gegründete Schwabenverein, dessen alljährlich im Herbste stattfindende Canstatter Volksfeste mit ihren schmucken, das Volksleben des alten Vaterlandes darstellenden Umzügen und der künstlichen Fruchtsäule auf dem Festplatze allgemein in angenehmster Erinnerung stehen. Der Verein besitzt eine Gesangssektion, Dirigent J. Gauger, und eine Bibliothek, welche eine reiche Auswahl der berühmtesten Werke schwäbischer Schriftsteller enthält.

Der jüngste unter den deutschen Gesangvereinen ist die Germania, welche von strebsamen jüngeren und älteren deutschen Bürgern am Tage des Pionierfestes, am 8. Oktober, 1883, gegründet wurde u. unter ihrem Dirigenten Scharlotte bereits im ersten Jahre ihres Bestehens einen recht erfreulichen Aufschwung nahm.

Außer den bereits genannten Gesangvereinen verdienen noch die beiden Schweizer Vereine Erwähnung, die, obwohl nicht aus Deutschen, im engeren Sinne bestehend, durch die Sprachgleichheit mit der aus Deutschland eingewanderten Bevölkerung verknüpft, an allen gemeinsamen Bestrebungen derselben den lebendigsten Antheil nehmen. Der eine derselben, der Schweizer Männerchor, gehört zu den ältesten Gesangvereinen der Stadt, da er bereits 1861 gegründet wurde. Der Helvetia Männerchor entstand im Jahre 1882. Die Dirigenten der beiden Vereine, J. Gauger und H. Ganzel, ließen sich eine geraume Reihe von Jahren die Pflege des deutschen Männergesanges unter den kräftigen Alpensöhnen angelegen sein, und die von denselben veranstalteten Festlichkeiten und Concerte, namentlich die Grütlifeste, bilden Ereignisse, an welchen nicht nur die gesammte schweizerische, sondern ein großer Theil der übrigen deutschredenden Bevölkerung Rochester's lebhaften Antheil nimmt.

Auch die deutsche Presse Rochester's erfuhr in den Jahren 1870—84 wesentliche Umgestaltungen und Erweiterungen.

Im Jahre 1872 wurde unter dem Namen "Rochester Hausfreund" eine Wochenzeitung gegründet, die anfangs von G. Ockelmann redigirt, bald in den alleinigen Besitz desselben überging. Da der Erfolg des Blattes jedoch den gehegten Erwartungen nicht entsprach, trat der Eigenthümer dasselbe bereits nach etwa einem Jahre an Wilhelm Thiese und G. Feuchtinger ab, die es unter dem Titel "Von Nah und Fern," herausgaben. Auch sie hatten indessen nur kurzen Erfolg. Im Jahre 1877 kam das Blatt sammt der Druckerei unter den Hammer, und ging in den Besitz Fried. Donner's über, der den bisherigen Namen desselben in "Rochester Sonntagsblatt" umwandelte und sich rasch einen bedeutenden Leserkreis eroberte. Durch unedle, persönliche Ausfälle und Insinuationen ging jedoch die anfängliche Popularität der Zeitung rasch wieder verloren und seine maßlosen Angriffe gegen einige katholische Geistliche hatten schließlich zur Folge, daß vom bischöflichen Stuhle ein Anathema über dasselbe ausgsprochen wurde. Hierdurch auf's Aeußerste gereizt, strengte Donner eine Schadenersatzklage gegen Bischof McQuaid an, die jedoch nach ziemlich kostspieligen Präliminarien schließlich abgewiesen wurde. Donner verließ ganz plötzlich die Stadt und das "Rochester Sonntagsblatt" sammt Druckerei ging in den Besitz W. Rampe's, des Inhabers der ersten Hypothek, über, der es eine Zeit lang selbst redigirte und heraus gab. Im Januar 1881 übernahm Herrmann Pfäfflin die Redaktion u. im Frühling desselben Jahres brachte Julius Stoll das "Rochester Sonntagsblatt" sammt Druckerei durch Kauf an sich und gab es in Gemeinschaft mit dem bisherigen Redakteur heraus. Durch den bedeutenden Aufschwung, den das Blatt unter dem neuen Regime bereits im ersten Jahre nahm, veranlaßt, gründete der Eigenthümer desselben im Mai 1882 unter dem Titel "Rochester Abendpost" noch eine tägliche Zeitung, die ebenfalls von H. Pfäfflin redigirt wurde. Im Januar 1882 wurde die neue Zeitung von der "German Printing & Publishing Co." mit dem "Rochester Beobachter" konsolidirt und erscheint seitdem unter dem Titel „Rochester Abendpost und Beobachter" unter gemeinsamer Redaktion von Adolph Nolte und Hermann Pfäfflin. Eine achtseitige Wochenausgabe, das „Rochester Wochenblatt", ist mit derselben verbunden und auch das „Rochester Sonntagsblatt" wird von der Aktiengesellschhft wie früher fortgeführt.

Im Jahre 1877 wurde unter dem Namen „Rochester Courier" eine weitere deutsche Wochenzeitung von einer Aktiengesellschaft gegründet und im ersten Jahre ihres Bestehens von Hugo Kühne redigirt. Die Zeitung vertrat anfangs die Prinzipien der damals in ihrer Blüthe befindlichen „Greenbackpartei" nahm aber später einen unabhängigen Charakter an. Im Winter 1879 trat Hermann Pfäfflin in die Redaktion ein. Da jedoch das Unternehmen fast ohne Kapitalien begonnen war und außerdem unter dem Mangel einer einheitlichen Geschäftsführung zu leiden hatte, gerieth es bald bedenklich ins Schwanken, und die Zeitung wurde im März 1879 an die „Rochester Katholische Volkszeitung" übertragen, nachdem sich die Mehrheit der Aktionäre von dem Unternehmen zurückgezogen hatte.

Die „Rochester Katholische Volkszeitung" selbst war im Dezember 1878 von den Gebrüdern Pichler gegründet worden und wurde von Pastor L. Hofschneider redigirt. Im Jahre 1880 ging sie in Besitz Joseph A. Schneider's über, der sie selbst redigirt und herausgibt, und zwar seit März 1884 auf 8 Seiten vergrößert.

Die deutsche Journalistik Rochesters hat in der verhältnißmäßig kurzen Zeit ihres Bestehens bereits die verschiedenartigsten Entwicklungsphasen durchzumachen gehabt; die Periode der Flegeljahre aber hat sie wohl für immer hinter sich. Die gegenwärtigen Vertreter derselben sind von der hohen Aufgabe ihrer Vermittlerrolle in dem großen nationalen Verschmelzungsprozesse, der in den Ver. Staaten vor sich geht, lebendig durchdrungen und redlich bestrebt, die Vorzüge des deutschen Nationalcharakters auch in der neuen Heimath einzubürgern, ihren Stammesgenossen das Verständniß für die freiheitlichen Institutionen unserer Republik zu öffnen und die Begeisterung für dieselben zu wecken und zu erhalten. Mögen daher auch unsere Rochesterer Landsleute eingedenk sein, daß der Standpunkt, den die deutsche Presse einer Stadt einnimmt, und der Grad der Beachtung, der ihr von Seiten der Bevölkerung geschenkt wird, für die sociale und politische Stellung des in ihr ansäßigen Deutschthums den sichersten Maßstab bilden!

Ein ganz besonders bedeutendes Geschäftsunternehmen, das in dem letztgeschilderten Zeitraume entstand, war die deutsche Feuerversicherungsgesellschaft von Rochester, die am 16. Februar 1872 von Louis Bauer, Henry Brinker, John Duffner, Geo. Ellwanger, L. Ernst, W. Gräbe, F. Götzmann, Mathias Kondolf, John Lutes, George Maurer, F. Miller, M. Neuhardt, Peter Pitkin, Charles Rau, Jos. Schutte, Rudolph Pay, J. G. Wagner, John Weis, Louis Wehn und Chr. Paty gegründet wurde. Die Beamten von 1883-84 waren folgende: F. Cook, Präs.; Hon. John Lutes, Vize-Präs.; Sekretär, H. F. Atwood. Direktoren: L. Bauer, J. J. Bausch, Rich. Brayer, F. Cook, S. Dubelbeiß, L. Ernst, L. Fien, F. Götzmann, M. Kondolf, J. Lutes, G. C. Maurer, J. Rumold, P. Pitkin, Chs. Rau, W. Vicinus, Alb. Vogt, J. G. Wagner, C. Wehle, L. Wehn und John Weis.
Umsichtige und vertrauenswürdige Geschäftsführung haben die Gesellschaft nach kaum zwölfjährigem Bestehen in solchen Aufschwung gebracht, daß sich das Feld ihrer Thätigkeit heutzutage bereits über die ganzen Ver. Staaten von der atlantischen bis zur pacifischen Küste erstreckt, während ihr Brutto-Vermögen von einem ursprünglichen Baarkapital von $200,000 auf $575,023.65 angewachsen ist, gewiß ein glänzender Beweis von den Erfolgen, welche deutscher Fleiß und deutsche Solidität in Verbindung mit amerikanischem Unternehmungsgeiste zu erzielen im Stande sind.
Von den geschäftlichen Etablissements die in den siebziger Jahren in besonderen Aufschwung kamen, ist besonders die Bortholomay Brauerei zu nennen, deren Anfänge aus dem Jahre 1852 datiren. Dieselbe wurde von Henry Bartholomay und Philipp Will gegründet, welche im September 1852 das erste in Rochester gebraute Untergährbier in den Markt brachten. Später trennten sich die beiden Kompagnons und etablirten Jeder sein eigenes Brangeschäft. Die Will'sche Brauerei brannte am 2. August 1864 ab und ihr Besitzer etablirte sich sodann in Toledo. H. Bartholomay aber betrieb sein Brangeschäft bis 1874. Im letztgenannten Jahre organisirte sich die

Bartholomay Brewing Co., die im Laufe eines Jahrzehnts die Bierproduktion des Etablissements von 3000 Barrels auf 125,000 erhöhte und Malzhäuser mit einer Capacität von 250,000 Bushels errichtete. Die Brauerei gibt eben ungefähr 130 Personen beständige Beschäftigung und ist dabei für zahlreiche Küfer, Bauarbeiter, „Plumber", Fuhrleute usw., eine Quelle lohnenden Verdienstes. Ihr jährlicher Verbrauch an Gerste beträgt nahe zu 300,000 Bushel, an Hopfen 14,000 Ballen und an Eis 30,000 Tonnen.

Der Gründer der Brauerei, H. Bartholomay, ist am 5. December 1828 in Ifenburg geboren und stammt aus einer alten Brauerfamilie. Er erlernte das Brauergeschäft bei seinen Verwandten in Heidelberg, arbeitete aber später auch in der Schweiz, in Lyon, Wien und Augsburg als Brauer. Die letzten Jahre vor seiner Uebersiedlung nach Amerika leitete er selbstständig eine Brauerei in Heidelberg. Mit kleinen Anfängen beginnend, hat er im Laufe der Jahre ein Etablissement hier aufgebaut, das zu den besteingerichteten und renomirtesten der ganzen Ver. Staaten gehört.

Von sonstigen geschäftlichen Unternehmungen dieses Zeitraumes ist hauptsächlich die Gründung der Rochester- und der Genesee Brewing Co. hervorzuheben, die beide ebenfalls deutsche Schöpfungen sind.

Die erstere wurde im September 1874 von G. B. Schwikehardt, F. Hodecker, M. N. Oothout, A. G. Martin, Alexander Friedman, G. Rau und J. J. Hahn gegründet und fabrizirte in den ersten zwölf Monaten ihres Bestehens 12,000 Barrel Bier. Die Verkäufe ihres Gebräus steigerten sich jedoch in der Folge mit jedem Jahre so sehr, daß sie 1883 bereits die Höhe von circa 72,000 Barrels im Totalbetrage von mehr als $500,000 erreichten. Die Brauerei gibt nahezu 100 Personen ständige Beschäftigung, von welchen etwa 80 Familienväter sind. Außerdem findet durch sie noch eine beträchtliche Anzahl anderer Arbeiter zeitweiligen Verdienst, und die Ausgaben der Brauerei für solche Dienstleistungen belaufen sich auf jährlich $55,000. Die Gebäulichkeiten erstrecken sich über ein Areal von sieben Acker Land; ihre Keller, die 45,000 Barrels fassen, gelten für die besten in der Stadt, und ihre Facilitäten verbunden mit dem Unternehmungsgeiste und der Sachkenntniß der an der Spitze stehenden Beamten haben nicht wenig zu dem Rufe beigetragen, den das Rochesterer Bier in allen Theilen der Ver. Staaten genießt.

Unmittelbar nach der großen Demonstration ihrer Stärke, welche die deutsche Bevölkerung Rochester's bei dem Pionierfeste gegeben, kam in unseren geschäftlichen Kreisen ein Plan zur Reife, den das aus dem Zusammenbruch der City Bank hervorgegangene Gefühl der Unsicherheit bezüglich der Führung und Verwaltung amerikanischer Geldinstitute hervorgerufen hatte, d i e G r ü n d u n g e i n e r d e u t s c h = a m e r i k a n i s c h e n B a n k.

Die mit dem Fallissement der City Bank (1882) verknüpften Umstände enthüllten die Thatsache, daß der Depositor, der seine Gelder vertrauensvoll einer Wechselbank anvertraut, hierzulande bis 1884 wenigstens kaum andere Garantien für die Sicherheit derselben besaß, als die persönliche Vertrauenswürdigkeit der an der Spitze stehenden Beamten, und die schamlosen Uebergriffe, welche sich in dem vorliegenden Falle ein gewissenloser Bankpräsident erlaubt hatte, indem er die seiner Bank anvertrauten Gelder in Oelspekulationen verschwendete, legten Jedem die Nothwendigkeit einer genauen Bekanntschaft mit den solchen Bankunternehmen vorstehenden Beamten nahe genug. Die numerische Stärke nun, welche das Deutschthum Rochesters beim Pionierfeste an den Tag gelegt hatte, überzeugte eine Anzahl hiesiger Geschäftsleute von der Nothwendigkeit sowohl, wie der Vortheilhaftigkeit eines unter Controlle bekannter und solider Deutsch=Amerikaner stehenden Bankinstitutes, und anfangs Januar 1884 wurde daher die erste deutsch=amerikanische Bank Rochesters zur Thatsache. H. Bartholomay, F. Cook, L. Ernst, F. Götzmann, H. Hebing und M. Kondolf von deutscher, und G. W. Archer, H. H. Craig, H. M. Ellsworth, G. Welden und T. W. Whittlesey von amerikanischer Seite sind die Gründer des Institutes, dem F. Cook als Präsident vorsteht.

„An solcher Namen ächte Währung glaubt das Volk.
Sie haben guten Klang im Lande."

Die neue deutsch=amerikanische Bank gewährt in den an der Spitze stehenden Personen dem eingewanderten wie dem eingeborenen Elemente gleich leicht erkenntliche Sicherheit für ihre Solidität, und die aufregenden Vorkommnisse der jüngsten Vergangenheit haben wohl nahe genug gelegt, von welcher Bedeutung dies für jeden Bankdepositor ist.

Ein sprechendes Bild von dem Aufschwung, den das Geschäftsleben der deutschen Bevölkerung während des letztgeschilderten Zeitraumes genommen, bietet die St. Paulstraße. Zu Anfang der siebziger Jahre noch spärlich besiedelt, enthält die Straße heutzutage eine Anzahl stattlicher Fabrik-Etablissements, die meist deutschem Kunst- und Gewerbefleiß ihre Entstehung verdanken, und nicht wenig zur Hebung des industriellen Lebens unserer Blumenstadt beigetragen haben.

Die lithographische Anstalt der Firma Mensing & Stecher, die Posamentierwaaren-Fabrik von Albrecht Vogt und die optische Fabrik von Bausch & Lomb, welche in dieser Periode daselbst entstanden, sind ehrenvolle Denkmale deutsch-amerikanischer Industrie in Rochester und für eine beträchtliche Anzahl seiner Bewohner Quellen lohnenden Verdienstes.

Die Lithographen-Firma Mensing & Stecher etablirte sich 1871 und nahm einen so bedeutenden Aufschwung, daß vor einigen Jahren der stattliche Neubau in der St. Paulstraße nothwendig wurde, um den gesteigerten geschäftlichen Anforderungen genügen zu können. Das stylvolle, dreistöckige Gebäude enthält neben dem Maschinenraum im Souterrain, dem hellen und luftigen Zeichensaal, und dem Bureau im ersten Stockwerke zwei ausgedehnte Preß-Räume, in welchen die aus der Anstalt hervorgehenden Geschäftskarten, Etiketten, Landkarten, und Chromos gedruckt werden, nachdem die Zeichnungen von den in Diensten der Firma stehenden Künstlern entworfen sind. Das Hauptgebäude hat einen Umfang von 100 bei 40 Fuß, der als Maschinenraum benützte Anbau mißt 20 bei 25 Fuß. Die Arbeiten der Firma Mensing & Stecher finden weit über die Grenzen Rochesters hinaus Anklang und fesseln einen Industriezweig, der früher große Summen von unserer hiesigen Handelswelt nach anderen Fabrikstädten zu ziehen pflegte, an unsere eigene Heimath, wodurch sie nicht wenig zum Glück und Wohlstand derselben beitragen.

Dasselbe gilt von der ebenfalls neuerdings erst im eigenen Bau in der St. Paulstraße etablirten Posamentierwaaren-Fabrik der Vogt Co., die Rochester die Fabrikation eines früher oft aus weiter Ferne zu beziehenden Handelsartikels sichert.

Die jetzige Bausch & Lomb Optical Compagnie, deren stattliches Fabrik-Gebäude neben der Vincent Place Brücke eine der Hauptzierden der St. Paulstraße bildet, entwickelte sich aus einem kleinen optischen Geschäfte, das 1854 von einem der jetzigen Theilhaber, J. J. Bausch, errichtet wurde. Das Geschäft hatte damals einen sehr bescheidenen Umfang, denn eine von dem Besitzer gemiethete Abtheilung eines im zweiten Stockwerke von Reynold's Arcade etablirten Verkaufslokales war zum Betriebe desselben genügend. Im Jahre 1855 trat Henry Lomb als Theilhaber in dasselbe ein, worauf das Verkaufslokal nach No. 1 Arcade und im darauffolgenden Jahre nach No. 20 Arcade, der jetzigen Opticalienhandlung von Bausch & Dransfield, verlegt wurde.

1858 begannen Bausch & Lomb die Fabrikation von Lorgnetten mit Gestellen aus vulkanisirtem Guttapercha, in welcher sie später eine gewisse Berühmtheit erlangten. 1861 zog H. Lomb mit dem 13. Regimente in's Feld und während seiner zweijährigen Abwesenheit im Kriege wurde das Geschäft von seinem Compagnon allein betrieben. 1866 gründeten die beiden Mitglieder der Firma im Vereine mit der "Hard Rubber Joint Stock Co." die "Vulcanite Optical Instrument Co." und errichteten später ein eigenes Verkaufslokal in New York, dem H. Lomb vorstand, während J. J. Bausch das Fabrikgeschäft in Rochester leitete. Das frühere Detailgeschäft der Firma in No. 20 Arcade ging an Bausch & Dransfield über. Die Fabrik war bis 1874 in der Waterstraße etablirt, wurde jedoch im genannten Jahre nach dem stattlichen Neubau in der St. Paulstraße verlegt, worauf Bausch & Lomb im Jahre 1876 in den alleinigen Besitz derselben gelangten und das Geschäft unter der Firma „Bausch & Lomb Optical Compagnie" fortführten.

Die Fabrik hatte zu der Zeit bereits einen sehr beträchtlichen Aufschwung genommen, und um das Geschäft zu einer optischen Anstalt im weitesten Sinne des Wortes zu machen, wurden 1876 Arrangements zur Fabrikation einer höheren Branche optischer Instrumente, wie Mikroskope, Teleskope und achromatische Gläser, getroffen, deren Verfertigung der Optiker Ernst Gundlach leitete. 1878 trat Gundlach aus dem Geschäfte aus, und sein Posten wurde durch Edward Bausch, den Sohn des Senior's der Firma, ausgefüllt.

Die Fabrikgebäude bestehen aus einem 97 bei 33 Fuß messenden dreistöckigen Hauptbau, einem Anbau von 59 bei 26 Fuß, der ebenfalls zwei Stockwerke enthält und einem zweistöckigen Neubau von 33 bei 24 Fuß. In den verschiedenen Departements der Fabrik finden 225 Arbeiter Beschäftigung.

In dem Bestreben zur geistigen und materiellen Hebung ihrer Arbeiter so viel beizutragen, wie in ihren Kräften steht, haben die humanen Fabrikherrn durch eigene Schenkungen einen Unterstützungsfond für eine aus Bediensteten ihres Etablissements organisirte gegenseitige Unterstützungsgesellschaft gegründet, zu welcher der Zutritt jedem derselben frei steht. Die Mitglieder sind in drei Klassen eingetheilt, die respektive Beiträge von 10, 20 und 30 Cents per Monat entrichten, wofür sie eine Unterstützung von $2, $4 oder $6 in Krankheits- und von $15, $30 und $ 0 in Sterbefällen beziehen.

Außerdem ist für die Arbeiter der Fabrik eine Bibliothek errichtet, die ungefähr 300 Bände werthvoller Werke enthält. Sechs tägliche, 21 wöchentliche und 2 monatliche Zeitungen sind daselbst aufgelegt.

Die Mitglieder der Compagnie sind seit Januar 1884: John J. Bausch, Henry Lomb, J. B. Klingler, Ed. Bausch und Karl F. Lomb.

Die optische Fabrik der Bausch & Lomb Kompagnie ist eines der sprechendsten Denkmale deutschen Kunst- und Gewerbefleißes die unsere Stadt aufzuweisen hat, und verdient in unserer Denkschrift sicher einen Ehrenplatz.

In der Lokalpolitik besaß das Deutsch-Amerikanerthum in der ersten Hälfte der letztgeschilderten Periode beträchtlichen Einfluß. Bekleidete ja doch im Jahre 1870 ein eingewanderter Deutscher, John T. Lutes, den höchsten städtischen Ehrenposten, das Mayors-Amt, und im Jahre 1875 stand der Deutsche J. Mauder dem Stadtrathe als Präsident vor. Nach dem Jahre 1877, demselben Jahre, in dem die deutsche Sprache wieder aus den öffentlichen Schulen verbannt wurde, scheint ein Umschwung stattgefunden zu haben. Die deutschen Vertreter im Stadtrathe während der Jahre 1870—1884 sind folgende:

1870. G. Herzberger, 4. Ward; J. Mauder, 13. Ward.

1871. W. Caring, 5. Ward; A. Stern, 6. Ward; J. Stape, 10. Ward; H. Gerling, 11. Ward; J. Stade, 13. Ward.

1872. Chs. C. Meyer, 7. Ward; J. Mauder, 13. Ward; J. P. Barber, 14. Ward.

1873. G. Herzberger, 4. Ward; H. Brinker, 5. Ward; Ab. Stern, 6. Ward; G. Fleckenstein, 11. Ward; J. Margrander, 13. Ward.

1874. J. Mauder, 13. Ward; L. P. Beck, 14. Ward; A. H. Martin, 15. Ward; S. Dubbelbeiß, 15. Ward.

1875. J. Mauder, 13. Ward (Präsid.); A. Nagle, 2. Ward;

Henry Brinker, 5. Ward; Geo. Fleckenstein, 11. Ward; J. Nunnold, 13. Ward; L. B. Beck, 14. Ward; A. H. Martin, 15. Ward; J. G. Bätzel, 16. Ward.

1876. A. Nagle, 2. Ward; H. Brinker, 5. Ward; F. Morhardt, 5. Ward; S. Hays, 6. Ward; G. Fleckenstein, 11 Ward; J. Brayer, 11. Ward; J. Nunnold, 13. Ward; F. C. Lauer, 13. Ward; L. B. Beck, 14. Ward; A. H. Martin, 15. Ward; J. G. Bätzel, 16. Ward; G. Hilbert, 16. Ward.

1877. F. C. Lauer, 13. Ward; Nich. Kase, 11. Ward; G. Herzberger, 4. Ward; S. Hays, 6. Ward; J. G. Bätzel, 16. Ward.

1878. R. Bay, 11. Ward; Lewis Edelman, 13. Ward; G. Herzberger, 4. Ward; S. Hays, 6. Ward; J. G. Bätzel, 16. Ward.

1879. R. Bay, 11. Ward; L. Edelman, 13. Ward; G. Herzberger, 4. Ward; S. Hays, 6. Ward; J. G. Bätzel, 16. Ward.

1880. R. Bay, 11. Ward; Lewis Edelman, 13. Ward; H. Hebing, 6. Ward; J. Miller-Kelly, 15. Ward.

1881. J. A. Felsinger, 11. Ward; Lewis Edelman, 13. Ward; A. Stern, 6. Ward; J. Miller-Kelly, 15. Ward.

1882. J. A. Felsinger, 11. Ward; A. Stern, 6. Ward; J. Miller-Kelly, 15. Ward.

1883. J. A. Felsinger, 11. Ward; E. Strouß, 6. Ward; J. B. Simmelink, 16. Ward; J. Miller-Kelly, 16. Ward.

1884. J. Miller-Kelly, 16. Ward; E. Strouß, 6. Ward; Ch. Stein, 13. Ward; H. Kohlmetz, 5. Ward; J. B. Simmelink, 16. Ward.

Eine ebenfalls schwer in die Wagschale fallende Neuerung aus dem letztgeschilderten Zeitraum ist die Gründung einer eigenen deutschen Abtheilung im theolog. Seminar in der Alexanderstraße. Durch die Erwerbung einer besonderen Heimath für die deutschen Theologie-Studirenden hat sich im Laufe der letztvergangenen Jahre ihre Zahl im Seminar auf 50 vermehrt und in ihnen allen sendet der dem Institute vorstehende Professor A. R a u s c h e n b u s c h, der mit einer von der Last seiner Jahre noch ungeschwächten Begeisterung an den deutschem Wesen hängt, alljährlich eine Anzahl enthusiastischer Apostel deutschen Wesens nach allen Theilen der Ver. Staaten.

Seit dem Herbst 1883 besteht auch in No. 48 South Ave. ein deutsches Proseminar für deutsche Geistliche, durch welches der Erhaltung der deutschen Sprache ebenfalls wesentlich Vorschub geleistet wird.

Unsere Absicht, dieses Schriftchen mit einer Statistik der deutschen Bevölkerung Rochesters zu schließen, wurde durch den Umstand vereitelt, daß uns von manchen Kirchen= und Schulvorständen, an die wir uns wandten, die verlangte Auskunft verweigert wurde, von anderen aber in der That nicht gegeben werden konnte. Von 11 deutschen Kirchengemeinden wurden uns bereitwilligst die nöthigen statistischen Angaben zugestellt und es gelang, mit ihrer Hilfe und die durch sie ermöglichten analogen Schätzungen eine ungefähre Berechnung anzustellen, aus der sich ergibt, daß die deutschsprechende Bevölkerung Rochesters zwischen 30,000 und 33,000 Köpfe oder nahezu ein Drittel der ganzen Einwohnerzahl Rochesters ausmacht.

———

Wir sind hiermit zum Schlusse der uns gestellten Aufgabe gelangt.

Abermals künden donnernde Festsalven und feierliche Glockenklänge den Anbruch eines Festes. In dankbarer Erinnerung begeht der Bürger unserer Blumenstadt die fünfzigste Wiederkehr des Jahrestages, an welchem dereinst die Heimath, die er und seine Vorfahren der Wildniß abgerungen, ihre bedeutungsschwere Mission als Metropole des Geneseelandes antrat. Aus den kaum 300 Deutschen, welche einst an dem Jubel über Rochester's Erhebung zur Stadt Theil nahmen, sind mehr als 30,000 geworden, und ihnen Allen hat unsere blühende Heimathstadt Raum und Gelegenheit geboten, die Hütte ihres Glückes aufzubauen; sie Alle haben während der verschiedenen Entwicklungsstadien Rochesters mehr oder weniger mitgewirkt und mitgerungen für sein Wachsen und Gedeihen.

Möge daher die im Obigen angeführte Geschichte ihrer Vergangenheit dazu beitragen, unseren hiesigen deutschen Mitbürgern die Pflicht der Dankbarkeit, die sie der neuen Heimath schulden, mit unauslöschlichen Zügen in ihre Herzen einzugraben, zugleich aber auch ihnen zum Bewußtsein zu bringen welche Stellung sie in ihrem neuen Vaterlande einnehmen und welche Aufgabe ihnen zu erfüllen obliegt, dann wird der Zweck der Semi-Centennialfeier sowohl, wie der vorliegenden, bescheidenen Festgabe zu derselben bei ihnen nicht verloren sein!

Berichtigung.

Auf Seite 44 und 48 sollte bei Anführung der einzelnen deutschen Militärkompagnien statt a u s g e h o b e n o r g a n i s i r t stehen.

Ferner ist die Notiz über das 13. Regiment dahin zu berichtigen, daß dasselbe am 25. April 1861 organisirt wurde.

Die Kapitäne der Kompagnie C waren der Reihe nach A. Nolte, Henry Geck, Henry Lomb. Erste Lieutenants, John Wieland, Henry Lomb, Ernst Becker. Zweite Lieutenants, J. Fichtner, H. Geck, Ernst Becker und G. Spohr.

Da eine eingehendere Behandlung der Kriegszeit den uns zur Verfügung stehenden Raum überschritten haben würde, so waren wir genöthigt, uns auf die Aufzählung der beim Ausmarsch im Amte befindlichen Offiziere und Zahlangabe der in den betreffenden Organisationen vertretenen Deutschen zu beschränken.

Begünstigt die einheimischen Institutionen!

Die Rochester Deutsche Feuerversicherungs-Gesellschaft!

Gegründet 1872.

Office, Rochester Savingsbank, Zimmer 12 und 13.

12. Jahres-Bericht.

Rochester, N. Y., 31. Dez. 1875.

Baarkapital	$200,000.00
Reserve für noch nicht verfallene Prämien	208,389.32
Reserve für unbezahlte Verluste und andere Verbindlichkeiten	31,315.00
Netto Ueberschuß	135,319.33
	$575,023.65

Zusammenstellung der Aktiva:

V. St. Bonds	$118,156.25
Rochester City Bonds	26,000.00
Georgia Staats Bonds	28,000.00
Pullman Palace Car Co. Aktien	23,600.00
Aktien der deutsch-amerikanischen Bank von Rochester	10,000.00
Bonds und Hypotheken	255,110.00
Grundeigenthum	1,822.82
Baar in Banken und an Hand	51,399.65
Fällige Gelder von Agenten und Bureau Beamten	53,401.83
Aufgelaufene Interessen und Gebühren	7,533.10
	$575,023.65

Fred. Cook, Präsident. **H. F. Atwood**, Sekretär.

Louis Wehn, Lokal-Agent.
August M. Koeth, Lokal-Agent.

Bausch & Lomb Optical Co.,

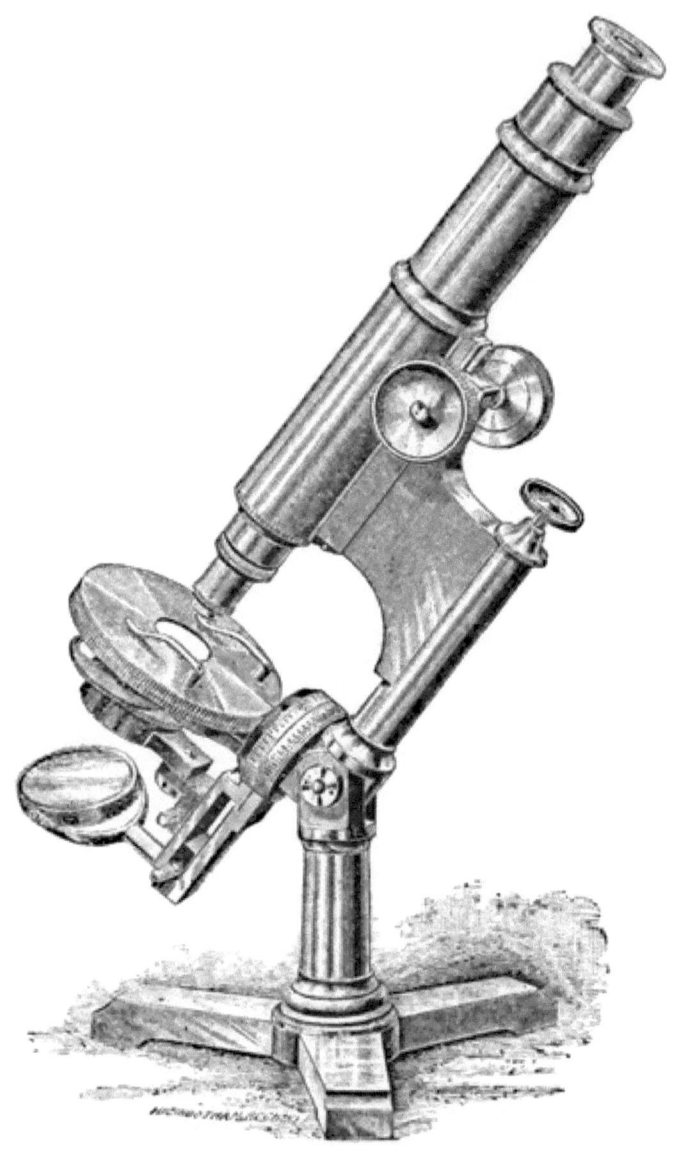

50 & 53 North St. Paul Str., Rochester, N. Y.

37 Maiden Lane, New York.

Bartholomay Brewing Co.,

Bier

**Helles böhmisches (Extra Pale Bohemian Beer),
Dunkles Bayerisches Bier,
— Ausgezeichnetes Lager-Bier. —**

Folgender Brief Prof. Lattimore's der auf gewisse in Rochester verbreitete Verdächtigungen hin eine chemisch-Analyse der Rochesterer Biere vornahm, spricht für sich selbst:

„Meine Herren! Am letzten 15. Februar wurde ich um Vornahme einer chemischen Analyse des von ihrer Compagnie gebrauten Bieres ersucht, um durch dieselbe die chemischen Bestandtheile des Bieres festzustellen und anzugeben, ob ihm Aloe, Quassia oder irgend welche andere Hopfensubstitute beigemischt seien. Die Zeit und die Art und Weise, die hierzu nothwendigen Proben zu holen, war mir überlassen.

Es wurden daher am 15. Februar im Ganzen 12 Proben unter meiner persönlichen Anweisung von ebenso vielen von mir bezeichneten Lagerfässern genommen, um den Durchschnittsvorrath richtig karakterisieren zu können. Die an den Fässern angebrachten Zeichen ergaben, daß sie zwischen dem 15. November und dem 31. Dezember gefüllt und demgemäß das Bier einige Wochen früher gebraut worden war.

Die Resultate der Analysen sind in Prozenten ausgedrückt folgende:

	Barthol. Brewing Co.	Rochester Brewing Co.	Genesee Brewing Co.	J. G. Bätzel & Bro.
Spezifisches Gewicht	1011	1011	1015	1022
Alkohol	5.30	4.58	4.25	3.83
Extrakt	3.95	4.00	4.87	5.70
Maltose	0.51	0.50	0.55	0.57
Dextrin	2.70	2.75	3.10	4.30
Eiweißstoffe	0.35	0.30	0.40	0.41
Milchsäure	0.12	0.16	0.14	0.20
Asche	0.18	0.21	0.22	0.24
Phosphorsäure	0.02	0.03	0.03	0.04
Wasser	90.76	91.18	91.33	90.47

Die Analysen ergeben kein Vorhandensein von Aloe, Quassia oder anderen bitteren Substanzen als Hopfensubstitute noch auch die Verwendung anderer Braningredienzien bei diesem Biere, als Malz, Hopfen, Hefe und Wasser.
S. A. Lattimore.

Rochester Brewing Co.

➤•◄

Diese Corporation besteht erst seit ungefähr acht Jahren, ist aber bereits mit den neuesten und anerkannt besten Maschinen zur Herstellung von Lagerbier versehen.

Die jährlichen Verkäufe dieser Kompagnie belaufen sich auf über 75,000 Barrels, und sie ist in der That die einzige Anstalt dieser Art, die in so kurzer Zeit einen so bedeutenden Aufschwung zu verzeichnen im Stande ist. Der schon jetzt sehr bedeutende und sich stets vermehrende Absatz der Kompagnie liefert den besten Beweis von der Unübertrefflichkeit deren Produktionen, und in Anerkennung der Reinheit und Unverfälschtheit der von der Kompagnie verfertigten Biere, wird der Gebrauch derselben fast täglich von Aerzten der besten Reputation, an deren Patienten empfohlen, und in Folge dessen hat das Geschäft der Kompagnie solch erstaunenswerthe Dimensionen erreicht.

In Verbindung mit der Brauerei hat die Kompagnie ein

„Bottling Department"

etablirt und ist im Stande alle Aufträge für

Export, Eischkowitz, Böhmisches und gewöhnliche Lagerbiere,

in Flaschen, auf's pünktlichste auszuführen.

Außerdem hat die Kompagnie eine Niederlage ihrer Waaren in dem Lokale des Herrn E. H. Higgins, No. 6 und 8 Statestraße errichtet, und alle Aufträge, die dem Herrn Higgins zukommen, werden mit derselben Pünktlichkeit berücksichtigt, als ob dieselben direkt an das Bottling Department befördert werden.

Die verschiedenen Biere der Kompagnie werden auch von dem Herrn Geo. J. Lutt an der Ecke von Main- und Clintonstraße an Consumenten geliefert.

In Bewußtsein, daß unsere Bemühungen das Publikum mit guten, gesunden und unverfälschten Getränken zu versehen, in der Vergangenheit die beste Anerkennung fanden, hoffen wir auch in der Zukunft mit dem Vertrauen und der Gewogenheit des Publikums beehrt zu werden und zeichnen

Achtungsvoll

Rochester Brewing Co.

Genesee Brewing Company.

Verfertiger

von

Lager-Bier,

sowie dem berühmten

Liebotschauer Bier und extra dunklem Baierischem Bier, nebst feinem Ale.

Die Getränke werden auch in Flaschen verzapft geliefert.

No. 43 N. St. Paulstr.

M. Kondolf, Präs.   Chas. J. Heusner, Sekr.
Chas. Rau, Schatzmeister.

C. F. Gottschalk,

Fabrikant

ausgezeichneter Cigarren.

197 Hudsonstraße,   Rochester, N. Y.

F. Götzmann.   H. W. Götzmann.

F. Götzmann & Co.,

En-Gros-Verkäufer

von

Spirituosen,

No. 134 Nord Waterstraße.

(Etablirt im Jahre 1857 in No. 12 Süd St. Paulstraße.)

HENRY HEBING,

Verkäufer

von

Eisen- und Stahl-Waaren,

für

Bauhandwerker und Wagenbauer,

nebst

Holzwerk für Wagen-Fabrikanten.

No. 71 Ost Mainstraße, Rochester, N. Y.

☞ Neue Nummer 139. ☜

(Etablirt 1852.)

Henry Walljen,

Dekorations- und Haus-Maler,

Ecke Exchange-Place und Bank-Court,

Rochester, N. Y.

Geschmackvolle Fresco- & Dekorations-Malerei für Wohnhäuser, Hallen, Kirchen, öffentliche Gebäude!

Privatwohnung No. 5 Hickorystraße

Albert E. Hoeft,

Händler in

Porzellan-, Töpfer-, Glas-

und

Plattirten Waaren,

Lampen, Chandeliers, Eß-Bestecken,

u. s. w., u. s. w.,

Haushaltartikel eine Spezialität.

No. 91 N. Clintonstraße,   in der Nähe des Bahnhofs.

☞ Waaren werden kostenfrei in's Haus geliefert. ☜

William F. Rampe,

Deutscher Rechts-Anwalt,

47 Smith's Arcade. Rochester, N. Y.

Franz Fritzsche

Händler in

Häuten, Kalb- und Schafsfellen,

Leder und Talg.

Etablirt 1874.

78 Frontstrasse, Rochester, N. Y.

John G. Zweigle.

Wurst aller Art.

Rauchfleisch, Schinken, Zungen u. s. w.

Etablirt 1863.

50 Frontstraße, Rochester, N. Y.

N. B. Ausgezeichnete Bockwurst auf Bestellung gemacht.

Louis Ernst & Sohn,

En-Gros & Detail-Verkäufer

von

Eisen- und Stahl-Waaren.

(Etablirt 1856.)

No. 21 Main-Straße,   Ecke Aqueduct-Straße,

(früheres Lokal No. 3 West Mainstraße.

Deutsch-Amerikanische Bank.

Errichtet im Januar 1884.

No. 44 State-Strasse.

Direktoren:

H. Bartholoman   G. W. Archer,   F. Cook,   H. H. Craig,
L. Ernst,   H. M. Ellsworth, F. Götzmann, G. Welden,
H. Hebing,   T. W. Whittlesey, M. Rondolf.

Beamte:

Fred. Cook, Präsident,   H. M. Ellsworth, Vize Präsident,
T. W. Whittlesey, Kassirer,   C. B. Burgeß, Hilfs Kassirer.

☞ Obige Bank ist seit Anfang dieses Jahres eröffnet und empfiehlt sich durch ihre Solidität deutschen, wie amerikanischen Geschäftsleuten auf's Beste.

Vogt Manufacturing Co.

Etablirt 1873.   Inkorporirt 1884.

Verfertiger

von

Feinen Posamentier-Arbeiten

Besätzen für

Kleider, Polsterwaaren,

u. dgl.

Fabrik-Gebäude, No. 116 S. Paulstraße.

Klein & Hofheinz.

※

Mineral-Wasser,

Selters, Vichy, Carbonic, &c.

※

156 Franklinstr.,   Rochester, N. Y.

Germania Hall,

John Meinhard, = = = Proprieto

N. Clinton Str.